知的生きかた文庫

本当の願いの叶え方

ワタナベ薫

三笠書房

はじめに

あなたの願いを、最短で叶える方法をお教えします

この本を手にしていただきまして、ありがとうございます。まずは簡単に自己紹介をしたいと思います。

私はコーチングのコーチ兼作家と、2つの会社経営をしながら、15年以上にわたりブログや拙著にて、潜在意識のこと、脳科学的なこと、物理・量子力学、心理学理論を取り入れたコーチングをベースに、人生の歩み方や願望達成、夢実現の内容を発信してきました。

自らの夢だけでなく、その手法で多くのクライアントも願望を達成してきました。

それは、**「引き寄せ力」×「行動力」という強力な力で、望む未来を引き寄せる方法です。**世で言う成功者の人々の願望実現はその手法ですし、スピリチュアルの世界でも同じ手法です。

さて、この本を手に取ってくださった方のなかには、「引き寄せの法則」が大好きな方もいらっしゃることでしょう。

では今、あなたの引き寄せがうまくいっていないとして、そのうまくいかない理由をここでひとつだけお伝えしますと、最初の動機が間違っているからです。

あなたが「引き寄せの法則」に興味を持ったのは、「願いを叶えたい」からでしょう。この深層心理を説明しますと、「叶えたい」＝「(持って)ないから叶えたい」ということ。「ない」という欠乏感が最初の動機なのです。

つまり、最初の動機そのものが「叶うこと」を難しくしているのです。「絶対に叶えたい、叶えたい」と思っているということは、潜在意識はその逆をイメージしています。本を読んでも、お金を出してセミナーに行っても、「私にはそれがない、持っていない」状況をますます強化していることになるだけ。

しかも、巷《ちまた》で流行った「引き寄せの法則」は、気分をよくしていれば何でも手に入ることをうたっていましたから、ラクして手に入れたい、がんばりたくない、努力なんて無理！　と思っていた人々がそう思っているのです。人からどんなに勧められても、最初からブレーキがかかってしまっているのですから、行動できません。
それこそが、願いが叶わない原因。つまり、スタート時点が間違っているのです。

一見遠回りに見えても、**地に足のついた「引き寄せの法則」とは何かを知ること**が、引き寄せ難民と呼ばれる状態に陥らず、結局は願望達成への近道であることを、本書ではぜひともお伝えしたいと思います。

まず1章で多くの人々がラクして願いを叶えるために興味を持った「引き寄せの法則」の本当の意味や、陥りやすい罠について述べています。2章では願望達成の基本となるポイントについて、3章では行動力を上げるコツについて、4章では豊かさについてお伝えします。5章では最後に、チャンスをつかむ生き方について掘り下げています。

本書で述べている法則は、一時的な幸運を手にするためのものではありません。**自身の基盤を固め、そして継続的に生涯望む状態を引き寄せるコツ**をお伝えします。

お読みになっていただければわかると思いますが、ラクをすることはできないままでも、行動しながら楽しんで願いを叶えていくことは可能です。

望む未来があったとき、そこにたどり着くプロセスのなかで、たとえがんばらなければならないことがあっても、多少のつらさがあっても、体が疲れることがあっても、そのつらさよりも、**未来のワクワクした思いへ意識をフォーカスさせましょう**。その思いこそが行動を続けるためのお守りになります。

私自身これまで、パートの主婦をやっていた状態から今に至るまで、自分のプライベートを明かして、皆さまに引き寄せの法則は確かにあることを、実体験を通して見てもらっています。

短期間で今の状態になったわけではありませんが、それでも確実に、10年前に見ていた望む未来はすべて叶えてきました。奇跡的に引き寄せたものもたくさんありますし、あちらからやってきてくれなかったものは、こちらから近づいていくことで、その後、奇跡的と呼べるような出来事がたくさん訪れました。

ですから、結果を急がず、プロセスを楽しみながら本書を利用して、夢を叶えていただきたく思います。

とはいえ、人生はよきことばかり続くわけではありません。よくない出来事もあり、それでもそれは、乗り越える精神的な強さや、また乗り越えるための知恵が身につくなど、よいこともたくさんあります。

願望達成とは、そのような問題があるときに、いかに早く上手に対処するかがポイントになります。その負の状態に長く浸っていると、これまで積み上げてきた状態が一瞬にしてなくなるからです。そのコツを早くつかんだ人こそが、その後、引き寄せをラクにできるようになり、執着することなく、望むものをニュートラルに迎えることができるようになります。

人生に起こるうれしいこと、素晴らしい出来事とは奇跡ではなく、法則に基づいて起こるとわかったあなたは、それを当たり前に手にすることができるでしょう。

皆さまの人生がますます繁栄し、心も豊かになりますことをお祈りしております。

ワタナベ薫

Contents

1章

「引き寄せの法則」の罠

2章

願いが叶う人がいつもしていること

3章 今すぐ行動力を上げる！

4章 お金が豊かにめぐりだす習慣

5章 チャンスをつかむ生き方

本文DTP／フォレスト

1章

「引き寄せの法則」の罠

――あなたの引き寄せが上手くいかない理由

「引き寄せの法則」とは

引き寄せの法則＝ブーメランの法則

　はじめにでもお伝えしたように、願望達成のためのもっとも有効な方法は、「引き寄せ力」×「行動力」です。これは世の成功者たちの事例、また私自身のこれまでの歩みを振り返っても、確信を持ってアドバイスできることです。

本当の「引き寄せの法則」は、いかに行動して、その引き寄せたいものを現実化するか。つまり、実現させる方法のことです。何もしないでただ待っているだけで、欲しいものが手に入る夢物語のようなものではありません。

　しかし、一般的にはそのように理解されていて、なかなか叶わず、この「引き寄せの法則」に絶望している人が多くなりました。

そこで本章ではまず、一時期大ブームだった「引き寄せの法則」を正しく理解することから始めましょう。

「引き寄せの法則」とはエネルギーの仕組みです。私たちが人生で感じられる幸せは動いた分だけ。デリバリーピザが注文しなければ届かないのですから、行動することは大前提。その上で、「引き寄せ力」を高めておくことは願望達成において非常に大切です。


「引き寄せの法則」については、広く一般に知られるようになる以前から、私のブログでは「吸引の法則」や「ブーメランの法則」という表現で説明してきました。

「吸引の法則」という言葉は、「引き寄せの法則」に似ているので、意味はなんとなくおわかりになると思います。では、「ブーメランの法則」からは何を連想しますか?

これは簡単に言えば、**「放った感情や思考、言葉は、いつか現実となって戻ってくる」**ということです。仏教用語では「因果応報」。よい行いをすれば、よい報いがあり、悪いことをすれば悪いことがある、というものです。あなたが今いる環境も手にしているものも、願いが叶うのも叶わないのも、あなたがこれまで思考や感情、行動で何かしら「放った」ことの結果です。

しかし、そこが見落とされがちなのです。

地上にいるすべての人々は、「引き寄せの法則」の成功者なのです。全員がそうです。では、なぜそう言えるのでしょうか？

まず一般的に言われている「引き寄せの法則」の基本をおさらいしてみましょう。

「引き寄せの法則」は、「類友の法則」と同じ。「類は友を呼ぶ」のことわざ通り、似た者が集まってくる、ということ。つまり、あなたと似たものを引き寄せるというものです。

あなたがいつもネガティブなことを考えて、ネガティブな感情を抱いていると、ネガティブな現実がやってきます、ということ。逆に、**あなたがいつも明るく楽しくしていれば、それと似たような事象が訪れますよ、**ということ。

法則と呼ぶくらいですから、数学の公式のようなもの。例外はありません。つまり、今のあなたの現実はあなたが発したものが現実化しているということなのです。あなたがよい現実を招いているにしても、悪い現実を招いているにしても、「引き寄せの法則」の成功者、ということになります。

考えや思いはエネルギー（波動、周波数、気、バイブレーションなどいろいろな言い方があります）となり、それが固まって物質化し、現実化する、と「引き寄せの法則」では言われています。ワクワク感があろうが、悲しみや恐れがあろうが、あなたのなかから発せられた感情と同じような現実がやってくるのです。

運の正体と「引き寄せの法則」の正体は同じ

数年前に『運のいい女《ひと》の法則』（三笠書房）という本を刊行しました。その本のなかで重要な点として、じつは「運にはいいも悪いもない」とお伝えしました。

正の出来事も、負の出来事も、どちらも同じくらいの割合で、すべての人に等しく起きているものです。

ただし、運のいい人は、常にツイていることに意識を向けています。ツイていないことが起きても、そこに意識を向け続けません。逆に、運の悪い人は、ツイていることが起きてもスルーし、ツイていないことに意識を向けるクセがあります。

運の正体は、ただそれだけ。物事の意味付けの違いなのです。「引き寄せの法則」も同じです。

◈心地よく過ごす時間を増やす

私自身、とても運がいいと思っていますし、引き寄せを生じさせるのは簡単だと思っています。しかし、生活のなかで嫌なことがないわけではありません。ただし、嫌なことに直面したら、できるだけ早くそこから抜け出すようにしています。どんなに嫌な出来事も自分に必要なことだから起きたと思っているからです。結局はプラスの出来事だと結論付けると、心地よく過ごす時間が増え、さらに心地よい事象を引き寄せます。

じつのところ、望む出来事やチャンスがやってくるかどうかは、ここが分かれ道

です。

強運な人や夢を次々と叶えていく人は、物事のどこに注目するのか？　それは、楽しいことやうれしいこと、ワクワクすることです。そして、日々確実にやってくる「頭にくるような出来事」を素早く乗り越えるための、自分なりの方法を見つけておくことが大切なのです。

なぜ、あなたの引き寄せはうまくいかないのか？

◈引き寄せの法則は、あなた次第

でも、実際には一向に現実が変わらず、悩んでいる人がたくさんいます。

「引き寄せの法則」は、いいことだけを引き寄せるわけではありません。あなたが放っている感情や思考、それに伴ったバイブレーション（波動や波長、周波数、エネルギーなどをイメージしてください）に似たものを例外なく引き寄せるのです。

あなたは何を放っているでしょうか？　あなたはいつもどんな状態でいるでしょうか？　人生がうまくいくのも、いかないのもあなた次第。あなたの発したものがブーメランのように戻ってきているだけなのです。

◈波動は共鳴する

ところで、「引き寄せの法則」について知っている方は、波動についても聞いたことがおありでしょう。

波動とは、字のごとく波の動きです。すべての物質はエネルギーでできており、そのエネルギーは波の性質だったり、粒の性質だったりと、形を変え、動きを変えて振動して伝わるものです。それは空気を通してでも伝達しますし、水はさらに伝達しやすく、他の物質に影響を与える、とも考えられています。

さらに言えば、そうしたエネルギーには、距離が関係ないとされ、地球の裏側にも一瞬にして伝わるというのです。伝わるというよりも、そのエネルギーの粒（素数たち）は同じ動きをするのです。そして似たような波動は共鳴し、その力は大きくなります。

波動水の原理はそれでして、記憶するという特性をいかし、波動（周波数）を水に転写して、波動水を作ることも可能なのです。江本勝氏の『水は答えを知っている』（サンマーク出版）のなかに、こんな実験があります。水に「ありがとう」という文字を見せると、水は美しい六角形の結晶を作り、「バカやろう」という文字を見せると、結晶がばらばらに砕け散ってしまう、というものです。

これは、言葉自体に特有の波動、つまり振動があって、それがバイブレーションとなって水に伝わり、水がそれに影響を受け、そのような現象が起きるのです。

思考や感情にも特有の波動があります。引き寄せが起きる原理も、行動や思考した際に、特有の波動が起こり、その周波数と似たようなこと、それが引き寄せられているからなのです。

だからこそ、**悪い感情（と言われているもの。本当はよいも悪いもないけれども）、心の痛み、憎しみ、怒り、悲しみなど負の感情に浸っていますと、負の波動を自分から出してしまう**ことになります。つまり、負の波動に共鳴する事象を引き寄せないためにも、あまり長くその感情に浸らないほうがいいのです。

ただし、人間ですから、生きている限りそのようなことがないわけではありません。むしろ、人間関係があり、社会で生きているわけですから、そのような感情が湧き上がることは当然あるでしょう。怒りたくなる場面に直面しますし、悲しいこともありますし、妬みという感情が湧き上がることもあります。

いいことが起こらない、願いがなかなか叶わない理由の1つは、それらの乗り越え方がいまひとつわからず、自分の負の感情や意識の持っていき方に問題があるからです。感情の対処方法を知らないので、なかなかいい状況が起こらないのです。そこを解決しない限り、あなたが望んでいるものを手に入れることができません。

感情を自分でコントロールする

ちょっと考えてみましょう。自分の感情はどうやって生まれていると思いますか？　誰かが、何かが原因で自分の感情が生まれているのでしょうか？

じつは、それは違います。感情が湧く理由は、外的要因ではありません。「あの人、腹が立つー！」とか、「あの人がいつもムカつくことをするからイライラする」ということがあると思います。一見、その感情は相手に起因しているように思えますが、きっかけはその人だとしても、自分で「腹を立てる」ということを選んでいるだけなのです。もちろん、外的な出来事や人がきっかけとなって怒りや悲しみが起きるかもしれませんが、**最終的には、その感情は自分が選んでいるのです。**

怒りという感情を選ぶこともできれば、怒りを選ばずスルーすることもできるはずです。怒りを選ぶリスクはたくさんあります。メンタルが直撃され、その痛みは内臓をも傷めてしまうかもしれません。そして、怒りの周波数に似た事象、人々を引き寄せるのです。怒り続けることには、大きなリスクが伴うのです。

怒らせる相手の波動に合わせて、自分も怒ったり、イライラしたりしていたら、ずっと同じ波動で共鳴してしまいます。怒り×怒りは大きな怒りのエネルギーになるのです。

心地いい何かを引き寄せたいと思うなら、よい波動（周波数、気、バイブレーション）を発するような思考と感情をチョイスして、これらをコントロールする必要があります。負の感情から早く抜け出す方法、スルーする方法、または短時間でその感情に対処する方法を学び、実践していかなければなりません。それを意識し続けていますと、いつの間にか、自分の苦手な人や嫌いな人は周りからいなくなります。

このような自己啓発に興味を持ち、勉強を始めますと、今までの付き合いに苦痛を感じたり、楽しくなくなったりしてきます。**その違和感こそが、自分のステージが変わってきた証しであり、波動の違いを身をもって体験している最中です。**そのときは、しっかり波動の違いを味わってください。

願望達成のためには、あなたが付き合う人はとても重要なファクターとなります。これについては2章で詳しく書きますね。

あなたの意識が現実化していく

自分から見える世界を変えるには、内側（見方、意味付け、心持ち）を変えることが大切です。**なぜなら、それはすべてあなたの内側にあるものが映し出されている世界であり、つまりはあなたにはそう見えている、ということ。**そう、他の人が同じ事象を見ても、同じようには見えないのです。あなたが思った通りの世界が創られていて、あなたの目の前に現実として表れています。

世界が悪に満ちているように見えるのは、自分の心の内側がそう見せている、とも言えます。「世界が平和でありますように」という素晴らしい願いも、裏を返せば、心の奥底に「世界は平和じゃない」という思いがあるから、平和を願っているのです。

「世界は平和です」と思っている人に見えている世界は、平和なのです。もちろん、

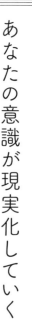

温かい心で祈る気持ちはとても大切なことですが、正義感が強すぎて、悪に対する怒りが高じ、「自分が悪を罰してやる！」という負の感情に満ちた願いは危険です。その人の目の前に表れる世界は、平和でない世界になってしまうのです。

「こうなったら、もっともっと平和になるよねー、さらにこうなったらますます幸せ。もちろん、今も幸せだけど」くらいの、穏やかで温かい祈りは、ますます自分の世界を平和にしていきます。怒りと負の感情は強いので、成し遂げる力ももちろんあります。しかし、その負のバイブレーションから得られる結果は、それに準じたものとなるのです。

とはいえ、「現実問題、戦争も紛争もあるし、飢餓も貧困も、経済的格差もあります。これをなんとかしなければいけません！」と言いたくなるのはわかります。

しかし、ほとんどの場合、自分に直接関係のないことばかり。関係ないから「見ない」のではなくて、**それらがなくなるために、現実的な対処や援助をしつつも、**

平和を穏やかに祈る気持ちと、「もうすでに世界が平和である」というイメージを持つことが大切なのです。それこそが、それらを引き寄せる秘訣です。つまり意識を向けたところが現実化するのですから。

「自分さえよければいい」「利己的に生きよう！」ということを言っているのではありません。人々の想いは、潜在意識、集合意識体、宇宙、素粒子などで、すべてつながっています。負の側面にばかり注目していると、もっともっとそれらが増大していってしまうので、幸せを増大する方向に意識を向けていきたいものです。

意識の向けどころに気をつける

精神科医・心理学者のユングは「あなたが抵抗するものは、存在し続けます」という言葉を残しています。まさにその通りなのです。抵抗しているということは、そこに意識を向け続けていることなのです。反対するものに力を与えてしまうのです。

「引き寄せの法則」はとてもシンプル。肯定文も否定文も見分けることなく、思考と感情がいっぱいになったことを現実として引き寄せます。貧乏が嫌だと思えば貧乏を引き寄せ、お金が好きと思えば、お金を引き寄せるというもの。

しかし、この「引き寄せの法則」にはありがたいことに、「時間差」があるのです。おかげで、ちょっと頭のなかをよぎった程度では、現実化するということはありません。不安に思ったからといって、すぐに現実になるわけではないので、ご安心を。自分の意識がどこに向いていて、どんな感情でいるかを知ることから始めてみましょう。

意識の向けどころが正しいか、間違っているかのバロメーターは感情です。そこに意識が向いている自分は「心地いいか?」「楽しいか?」「ワクワクするか?」、それとも「イライラするか?」「怒っているか?」「モヤモヤするか?」。自分の感情に注目していきましょう。

引き寄せを邪魔する「因縁」「思念」

さて、願っているのに現実が変わらないのには、他にも理由があります。

「因果応報」という言葉があります。現在では「悪いことをすれば、悪い報いがある」という意味で使われますが、もともとは仏教用語で「前世と現世、現世と来世の間で、善因には善果の報い、悪因には悪果の報いがある」ということを教える言葉だったそうです。

過去世に発したエネルギーが、時空を超えて今我が身に起こっている、ということの考えは宗教的観念なので、信じるも信じないもそれぞれです。ただ、「引き寄せの法則」も因果応報と同じような法則であると私は考えます。

◈うまくいくもいかないも、シナリオ通り

思考したらすぐにそれが現実化するわけではありません。時間差というものがあります。発したエネルギーを受け取るのに時間差があって、現世だけにそのエネルギーの結果を得られるわけではないのです。

エネルギーには、時空は関係ありません。ということは、過去に発したエネルギーが、現世以外の、来世にも影響を与える可能性があり、同様に私たちの身に起こることは、過去世から来ているエネルギーの結果である可能性があるのです。

清く正しく美しく、よい気分でいれば、事故に遭わないのか？　病気にならないのか？　志なかばで若くして亡くなることはないのか？　といったらそうではないのをあなたもご存知でしょう。「引き寄せの法則」を理解し、実践していても病気になるし、家族の不和もあるし、すべての願いが叶っているわけではありません。

これは、過去に犯した罪や負の感情エネルギーが、現世に現れていると私は理解

しています。

ですから、今すぐ何でもかんでも願ったこと、思考したことが現実になるか？といったらそうではないのです。私たちは、生まれ変わります。その都度、今生での学びとシナリオを決めて、何度も天国からこちらの世界にやってきているのです。

ここでうまくいかないのもシナリオ通り、そのタイミングで結婚したのもシナリオ通り、そしてその後、離婚したのもシナリオ通りであって、そこからどんなふうに学びを得るのかが課題となっているのです。**願いがすぐに叶わないことですら、人生の「学び」となっています。**

人々の思念が邪魔をしている

また、スピリチュアルの世界に詳しい方はご存知でしょうが、人々には「思念波」、あるいは「サイキックアタック（思念エネルギー攻撃）」と呼ばれるものがあります。

なんとなく視線を感じて振り返ったら目が合った。触られているわけでもないのに、その視線を感じたのは、その人の意識があなたに向いていて、その意識の粒があなたにバシバシ当たってきた、ということ。

それを私たちは感じることができるのです。視線を感じるくらいですから、敏感な人は他人の思念波を絶え間なく感じています。そのエネルギーが、憎しみや妬みなどの負の感情であれば、体に何か異変が出てきます。意識を向けられた人は、体の弱いところにそれが出ることがあります。

私はお腹が弱く、お腹や胃の痛みがあるのでそれがわかります。特に、幾人かの思念波が重なると、自分の計画が邪魔されて思うようにいかない、ということが多々あるのです。

こんなふうに、いくら自分が夢や願望、欲しいものに注目していても、フォーカスしていても、因果応報であったり、思念波により、どうしてもうまくいかなかったり、邪魔されたりすることがあったりするのです。

これらに抵抗するには、神様を畏《おそ》れ、他人を敬い、愛と誠実にあふれ、その状態に身を置き続けることが大切です。「引き寄せの法則」は、大いなる力への、敬意と愛と感謝がベースなのです。

神様に応援される人と、神様と対極にいる悪のスピリット（魔）が憑《つ》いてしまう人がいます。悪のスピリットとは、私利私欲、利己的、尊大、高慢・傲慢、虚栄心といったもの。後者に応援されないよう、それらを寄せつけないような思考と感情にしていいたいものです。

「引き寄せの法則」の罠

「引き寄せの法則」に危険はあるか？　という質問にお答えしましょう。じつは、法則の捉え方が間違っていますと、いいことが起こるどころか害すらあるのです。

もしあなたが、「幸せになりたい！」「何でも欲しいものを手に入れたい！」と強く願っているとしたら、それは引き寄せがうまくいかない原因につながります。

というのも、「欲しい」という強い願いは「私は持っていない」という認識が前提にあるため、意識すればするほど、欠乏感が大きくなっていきます。そして、やがては、**願望達成がうまくいかない理由の1つである「執着」につながっていく場合が多いからです。**

欲求や願望を持つことが悪いわけではありません。これらは自然な感覚です。ただ、その欲求や願望が、利己的に我が身を肥やすためだけのものだったりすると、引き寄せは発動しづらくなります。「他人に惜しみなく愛を与えること」がベースにある自然の法則と相反するために、結果的に願いが叶わないのです。

愛や感謝の気持ちほど、よい波動はありません。それらが引き寄せ力を高めるのです。それなのに、「欲しい！　欲しい！」「ない、ない」ばかりですと、欠乏が叶ってしまい、願いはなかなか叶いません。

負の感情は負の引き寄せにつながる

また、「うらやましい」という感情にも要注意です。最近では、SNSやブログで自らの成功を発信している人たちを大勢見かけます。容赦なく、多くの人々の「幸せです！」という結果を見せつけられた結果、うらやましいを通り越して、妬みやそねみ、憎しみまで持つようになった人もいます。しかし、こうした負の感情は負のエネルギーの引き寄せにつながります。

本来であれば、誰が見ていなくても善を行い、徳を積み、心地よい気分でいれば、引き寄せはうまくいきます。ふと頭に浮かんだ欲求、たとえば、「おいしいものが食べたいな」とか、「彼氏がいたらいいな」「アロマテラピーの勉強をしたいな」といった、執着のない願いなどはいとも簡単に叶ってしまうもの。思いがけないところから、想像もしていなかった収入があるのもそれです。

ところが、「叶えたい……叶えたい！」「私は富も地位も名誉もすべて欲しい！」と常々、念仏を唱えるがごとく強く思っていますと、願ったことを引き寄せられないばかりか、執着が生まれ、願っていないことを引き寄せる恐れがあります。

つまり、「欲しい」と願えば願うほど、執着が生まれ、叶わなくなる。これが「引き寄せの法則」の罠です。

まずは「欲しい！」という強い願望、執着を頭のなかから外してみましょう。そしてもう「引き寄せ」という言葉自体も忘れてみませんか？　つまり、**「引き寄せたいからやる」というスタイルをやめてみましょう。**

自分の内なるところにある愛情や温かい気持ち、親切心、善を行う気持ち、ものを大切にする気持ちに耳を傾けてみましょう。これらを大切にすることが、願いを叶える秘訣なのです。

◈負の感情を抱きしめてあげる

もっとも、心が悲しんでいるのに、我慢してまで周囲に笑顔を振りまいたり、親切にしたりする必要はありません。心と体にギャップがある状態は自分に負担がかかり、いずれ壊れます。それもまた引き寄せ力を弱めてしまうのです。

一般的な「引き寄せの法則」では、負の感情を持たないようにしましょうと、アドバイスされていることが多いのですが、それはメンタル的に危険です。

負の感情に対して「くさいものに蓋《ふた》をせよ」的な扱い方をすると、行き場をなくしたその感情はのちのち爆発してしまいます。その都度しっかり向き合い、負の感情を抱きしめ、浄化させる必要があるのです。詳しい方法は5章でお伝えしますね。

不幸はすべて自分が引き寄せている？

「よくないことは自分が全部引き寄せているの？」と聞かれることがあります。

スピリチュアルの人々のなかには「100%自分に原因がある」と言う人もいますし、「今起きている出来事は例外なく自分が引き寄せた」とアドバイスする人もいます。

しかし人生には、自分の力ではどうしようもないことがあるものです。もちろん、自分の思考が、望まない現実を招くこともあるでしょう。でも、全部が全部そうだと考えるのは、危険です。

人生に不可抗力はつきもの

旧約聖書に「時と予見しえない災難はすべての人に臨む」という言葉があります。

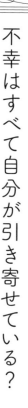

これはどういう意味かと言いますと、「どんなに努力を重ねても、アクシデントのような予想がつかないことはすべての人に起こりうる」ということ。つまり、「人生に不可抗力はつきものだ」という意味です。

ありがたくない出来事は、改めて考えてみると結構起きているものです。しかし**視点を高くして考えてみたときに、物事には善も悪もありません。**たとえば、「自分を成長させる」という観点から見ると、悪い出来事、嫌な出来事の解釈も変わります。

「こりゃ大変だ！」と思うようなことも、乗り越えたおかげで知恵がついたり、強くなれたりすることがあります。病気になったから健康の大切さがわかるでしょうし、交通事故を起こしたら無謀な運転をしないよう気をつけるでしょう。また、人間関係のトラブルに巻き込まれたら、人を見る目が養われたり、付き合い方を学んだりするでしょう。そうなると、「不幸を引き寄せた」という結論には至らず、むしろ「よい経験ができた」となるわけです。

ですから、不可抗力と言えるような出来事について、いちいち「自分の何がよくなかったんだろう?」と原因を探したり、無駄に理由をつけて考え込んだりしなくてもいいのです。

人生という大きな流れのなかで、ただ単に1つの出来事が起きているだけの話。ただそれだけ。ニュートラルに受け止めましょう。しかも、もっと言えば、私たちは「経験すべきことを経験している」だけなのです。

経験によって、人間は成長します。誰かからのアドバイスなんて机上の空論でしかなくて、自分で結論を出し、経験することがいちばんの学びになるのです。

強く願うほど、結果が遠のいてしまう理由

繰り返しになりますが、引き寄せには「強く願うほど、うまくいかなくなる」という罠がひそんでいます。『神との対話』（サンマーク出版）の著者、ニール・ドナルドさんも「あなたが欲しがるものは決して手に入らない」と言っています。

なぜ、あまりにも強く欲しがると、手に入りにくくなるのでしょうか？

強い渇望を伴う欲求が生まれる深層心理には、もしかしたらそれを自分は手に入れられないかもしれない……という恐れがあります。**手に入ると心から信じているものに関しては、人は渇望しないものです。**強い渇望を伴うのは、「欲しい」＝「ない」という欲求。それが潜在意識にも脳にも、宇宙にもインプットされてしまい、手に入らない、ということが現実化してしまうのです。

◈思い込みがあなたの現実を作っている

「思い込み」とは、固く、深く信じていることです。英語で「信じる」を表すのは「ｂｅｌｉｅｆ」。信念や信仰といった意味を持つ言葉です。

人は思い込み通りの生き方や行動をします。自分をバカだと思っていれば、バカな行動をしますし、自分は太りやすい体質だと思い込んでいる人は、水を飲んでも太ります。美人だと思い込んでいれば、美人にふさわしい行動を取るものです。

引き寄せも、願望達成も同じです。**「自分は思ったことを叶えられる！」と心から思い込んでいる人は、本当にその通りになります。**

冷静に考えてみると、すぐわかります。たとえば、今お金がないのは、無意識のうちにお金に対してマイナスなイメージや、お金がらみの不安や恐れを持っているからです。結婚したいのにパートナーが見つからないのは、「本音を言えば、ひとりが好き」とか「パートナーができることへの恐れ」という深層心理と行動の表れです。仕事がうまくいかないのは、うまくいかないところばかりに注目しているからですし、人間関係がうまくいかないのは、周囲の人々のよくないところばかりを見つめているから。じつにシンプル。じつに簡単。

うまくいっていないように見えたとしても、すべてはあなたの思い込み通りになっています。宇宙でも神様でも潜在意識でも何でもいいですが、法則は全部「イエス！」なのです。たとえば、こんなふうに答えは決まっています。


「お金持ちになれる気がする！」↓「イエス！　なれる！」

「でも、お金は苦労して得るものだよね？」↓「イエス！　そう、苦労して得るもの！」

「ラクして得られるよね！」↓「イエス！　そう、ラクして入ってくるよ！」

「結婚できなかったらどうしよう……」↓「イエス！　できないかもね」

「結婚できたらいいけどどっちでもいいや」↓「イエス！　できるよ！」

「うまくいかなかったらどうしよう……」→「イエス！　うまくいかないかもね」

このように、私たちの思い込みはすべて現実化していくのです。

だからこそ、「欲しい」と強く願い、「持っていないこと」を潜在意識にインプットするのは危険なのです。強い渇望は深層心理にひそむ「手に入らないかもしれない」という恐れの表れ。これが望まない現実を引き寄せます。

◈願望を持つことを楽しむ

大切なことなので繰り返しお伝えしますが、「欲しい」と思うことが悪いわけではありません。私たち人間は、「本当に手に入れられないもの」に対しては、「欲しい」とは思わない生き物です。「欲しい」と思えるのは、「手に入るもの」だからです。

たとえば、テレビや雑誌で、何億円もするダイヤモンドを見ることがあります。あなたはそれを欲しいと思いますか？　一般の家庭の主婦であれば、あまり思わないことでしょう。「あら、素敵。欲しいわ～」と思った人は、きっとがんばれば手が届く人です。

ところが、とても素敵なジュエリーを見つけて、それらがなんとかがんばれば、手が届くレベルだったとしたらどうでしょうか？　20万円？　50万円？　実際に購入できる金額内なら、「うわ～、素敵！　欲しい」と思うかもしれません。なにげなく「欲しいな～」と思うものは、引き寄せ可能な範囲なのです。

「それが手に入らないなんてありえない！」「私はそれを手にできる」という感覚が芽生えたときに、「欲しい、欲しい」と強く渇望することはなくなっていきます。その感覚に浸ってみましょう。

私自身、最初はお金もコネも資格も何もない一介の主婦でした。それでも、欲しいものや優先順位の高い願いは、今のところすべて手に入れることができています。作家も、車も、時計も、ジュエリーも……そして、ビジネスでやりたいことも、作家になったことも、提供したいなと思ったサービスも……。そして、これから叶えたいと思っていることも、すぐにではなくても、時間とともに叶うことでしょう。

私のクライアントのなかには「ワタナベさんのように、人前で話をして、クライアントもたくさん持ってイキイキと生きていきたい！」とおっしゃる方がとても多いです。なぜ、そう思うのでしょうか？

それは、そう思った方々がそうなれる可能性があるからです。ただの憧れなどではありません。あなたはそうなれる可能性があることを潜在意識の奥底では知っているので、それを望むのです。

実際に私のクライアントの多くが人気コーチになったり、何らかの講師業をされて、全国を飛び回るようになっています。最初から「私はなれない」と思い込んでいる人には、それは具現化しません。

ですから、**願望を持つこと自体は楽しみましょう**。執着が生まれるほど強く願うのはおすすめできませんが、ゲームをするかのように、「叶っても叶わなくてもいいけど、考えるのが楽しい！」といった具合に、脳内でイメージをふくらませながら楽しんでみてください。イメージングの具体的な方法については2章以降で詳しく説明しますね。

引き寄せ難民にならないために

「引き寄せの法則」自体は、とてもいいものです。**法則ですから、その通りにやれば、時間差はあるものの、欲しいものや、なりたい自分も手に入るようになっています。**

それなのにうまくいかない人が多いのは、願いが叶うまでの時間差に耐えられず、法則通りに行動しなかったり、行動せずに思い描くだけで幸運を引き寄せようと思ったりしているのが原因です。

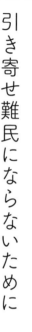

しかも今は、SNSを通じて、幸せをいとも簡単に手に入れているかのように見えるキラキラしている人たちを多く目にする時代です。

月収ウン百万円だの、年商数千万円だの、ブランド物だの、海外旅行だのファーストクラスだのと、連日のようにきらびやかな世界を見せられていたら、多くの人が「私も引き寄せたい！　そうなりたい！」と強く願ってしまうのは無理もありません。

しかし、繰り返しになりますが、うらやましさが高じて生まれる、妬みやそねみ、憎しみといった負の感情は引き寄せを遠ざけます。渇望感が執着をもたらした結果、いつまでも願いが叶わずに苦しむ「引き寄せ難民」と呼ばれてしまう人々も出てくるわけです。

では、引き寄せ難民にならないためにはどうすればいいのでしょうか？

それは、**願望を強く持ったり、常に頭に浮かべたりするのではなく、チラリとよぎらせる程度にすればよい**のです。

本当はブランド物を買うことも、海外旅行に行くことも、スーパーで納豆を買うのと同じ感覚なのです。じつはこれは、私自身が経験したことでもあります。若かりし頃からずっと憧れていたハイブランドのバッグ。いざ買える頃には、欲しいという願いは強いものではありませんでしたし、通常のお店で簡単に手に入る商品でもありませんでした。ところが、たまたま出会い、買ってみると、驚くほど特別な喜びがなかったのです。1つで7桁を超すような高額な物だったのに、です。

それはスーパーで納豆を買うくらい当たり前のことでした。もちろん納豆ご飯を食べられることにも毎日感謝していますから、それと同じぐらいに「ありがたい」という気持ちもあります。でも、飛び上がるほどの喜びがなかった自分に驚きました。

昔あれほど欲しかったけど買えなかった、憧れのバッグでしたが、強い欲求がなくなった今では「持っている自分が当たり前」になっていました。

私が48歳にして大型バイク（ハーレーダビッドソン）を買ったときも同じでした。ゴールリスト（目標リスト）に「ハーレーに乗る！」と書いたのは、今から10年以上前の話。書いた翌年には「別にハーレーはもういいや……」と思い、そこからさらに数年後、急にハーレーのイベントに誘われて、その場で大型バイクの免許もないのにハーレーを買いました。ハイブランドのバッグ同様、強力な欲求がないときに、忘れかけていた欲しかったものがすんなり手に入ったのです。

◈あきらめることもまた、引き寄せを可能にする

先の項目で、引き寄せが叶わない理由として、「強く願いすぎるとそれが執着となる」ということについてお伝えしました。では、執着から離れるにはどうしたらいいのでしょうか？

それは、**願っても願っても叶わなかったら、いっそあきらめてしまえばいいのです。そこであきらめられたときに、執着から解放され、手に入るということはよくあるのです。**

不妊治療をしていた人が、それに疲れ果てて、赤ちゃんをあきらめて、夫婦２人で生きていこう！　と決断し、不妊治療をやめた途端に赤ちゃんを授かったとか。無職になってしまい、来る日も来る日も仕事を探しても希望の勤め先が見つからない、と焦り、とりあえずバイトしながらゆっくり探そう、と思った途端に希望の職が見つかったとか。

もう40歳もすぎたし結婚したい、結婚しないと！　と焦りまくって婚活に何年も時間を費やしたはいいけど、なかなか相手が見つからない。もう、一生独身でいよう！　と心に誓い、自分の好きなことをし始めたら、彼氏が現れた……とか。

誰でもこのような話を聞いたことがあるはずです。そして、これこそが法則。**強く欲する気持ちが、「自分にはない」「自分には無理」ということをインプットし、それこそが負の現実を招いていたのです。**

天にオーダーしたものがすぐにやってこない場合、やってこなくてもいい、というのが天の采配なわけです。それにブーブー文句を言うのか、「そうですか、手に入らないならそれはそれでしょうがないわね。それでも私は恵まれている」という視点があるかどうかで、まったく違った結果となります。

願うことが引き寄せられないときは、もうあきめましょう。それでも幸せだと思うこと、ありがたいと思えることをたくさん数え上げてみましょう。そのときに、何かが変わります。といっても、その「変わるから」という言葉にはまったく期待しないで、言葉自体も忘れてください。期待すると、それが欠乏感と執着になるからです。

引き寄せの法則の根幹は、宇宙との調和です。宇宙（大いなる者、神、グレートサムシング）は愛です。**生活に愛が満ちていること、温かい感情、親切、そして感謝の気持ちが「引き寄せの法則」**のベースなのです。

今ある幸せに気づき、感謝する

この本の要約とも言える部分ですが、**引き寄せや、願望達成のための最大のポイントは「今ある幸せ」に気づくことです。**すでに望むものを手に入れた人たちを見ては欠乏感や枯渇感、モヤモヤを募らせるのはもうやめてしまいましょう。

夢を叶えたくても叶えられないときは、今あるものだけを数えていきましょう。家族がいて、仕事がある。ご飯も食べられているし、漫画も面白い。欲しいものも、ときどきは買えるし、空は青いし、道端に咲いている花さえも美しい。

全員が花屋で売られているバラにならなくとも、自分は、道端に咲いている小さなタンポポでいいではないか、いや、タンポポになれなくても、アスファルトを突き抜け、太陽に伸びていく雑草でもかっこいい！　なんて思えたとき、引き寄せは発動し始めます。

「引き寄せの法則」を支えるものは、「愛と笑いと感謝の心」。これは、私がずっと発信してきた、いちばん重要な根幹なのです。

2章

願いが叶う人がいつもしていること

——願望達成の基本となる9つのルール

「自信」をつける方法

1章では「引き寄せの法則」について、その本当の意味や仕組みをご理解いただけたと思います。この章では、あなたの願望達成がさらにスムーズに進みますよう、アドバイスをお伝えしていきます。

以前、とあるファッション誌で、10〜20代女性のお悩みを誌上カウンセリングする企画に参加させていただいたことがありました。テーマは「自信の身につけ方」です。

このファッション誌が実施したアンケートによりますと、「自信がない」という人が全体の約半数。自信度を点数にすると、平均38・9点という低さでした。あまりの自信のなさにびっくりしましたが、考えてみたら、私自身も常に自信満々で生きているわけではありません。

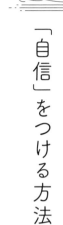

コーチングをしておりますと、30代や40代、はたまた60代の方までもが「自信をつけたい」というテーマでセッションを申し込まれています。

願望達成と、自信の有無はおおいに関係があります。

自信がある人々は、自分の夢や望みが叶うことを心から信じ、その思い込みの力によって引き寄せを実現するからです。

一方、自信がない人々は自己評価が低く、マイナスの側面に目を向けがちです。他の人のいいところと自分のよくないところを比べ、「やっぱり自分ってダメ……」と思ってしまう。いわば、自己否定によって実現を遠ざけているのです。

小さな自己肯定を積み重ねていく

では、どうすれば、自信をつけられるのでしょうか。大切なのは、小さな自己肯定を積み重ねることです。自分のいいところに目を向け、成功体験をたくさん思い出してみましょう。

なかには、「成功体験がないです」と言われる方もいますが、「ないです」というフレーズは禁句です。脳内に「ない」というフィルターがかけられてしまい、探しても本当に見つからなくなってしまいます。「ある」ものだと思って探してみましょう。

どんな小さな成功体験でもＯＫ！　こんな経験はありませんか？

●学校の先生に褒められたこと
●絵や書道、ピアノなどのコンクールで入賞したこと
●志望校に合格したこと
●両思いになったこと
●友達に「あなたのおかげで元気になれた」と言われたこと
●ペットにいつもなつかれること
●会社で企画書を作ったらわかりやすいと褒められたこと
●いろいろ悩みながらも、今、生きていること

小さなことも含めると、探せば結構あるものです。

私にも、生きることがものすごく苦しい時期がありました。そのとき、私は自分について、友人にこんなふうに言ったのを覚えています。

「私、今生きているだけでもすごいわ！　息をして、ここに2本の足で立っているだけでもすごい」と。そう言えたとき、つらかった気持ちも含めて自分自身を愛おしく感じることができました。「ここまで生きてきたじゃない！」「私は今、最高の成功体験をしている」と素直に思えたのです。

何も成功体験と呼べるものを見つけることができなくても、生きているだけで素晴らしい。誰もが自信を持っていいのです。

小さな成功体験をたくさん思い出すことができれば、今ある夢や願望も少しずつ叶い始めます。「変わらなければならない」と焦るよりも、「今のままでも十分、自分にできていることがある」と考えましょう。そう思えたときに、何かが変わり始めるのです。

負のスパイラルは止められる

もうおわかりのように、人生は何もいいことだけが引き寄せられるわけではありません。**イライラしていたら、イライラする出来事が続き、楽しくしていたら、楽しい出来事が続く**というシンプルな法則が働いています。

これはある日の私の体験です。

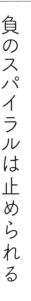

午前中、ある人と約束があったのに朝寝坊してしまい、余裕なくバタバタと準備。コーヒーカップを倒すわ、すべって転ぶわ……。そのままイライラしながら、時間ギリギリになってしまい、マンションの立体駐車場に急いで行くと、その日に限って、2台待ち……。車を出すまですごく時間がかかるのです。

「ヒィ～！　遅れるー（汗）」と車を運転。不運なことに私が交差点に着く寸前に

「え？　また赤？　また赤になるの？　全部なの？」と、ことごとく信号が赤になります。

イライラしながら運転していたら、今度は、おじちゃんの無謀運転で、危うく愛車にぶつけられそうになる。キッとにらむと、あっちも私のことをにらんでいる。「左方優先の運転ルールを破ったの、そっちでしょ！」なんて思いながら家に帰る。

家に戻って、立体駐車場に車を入れようと思ったら、うまく入らない。モタモタしていたら、今度は後ろに2台も待っていて焦る、でもなかなか入れられない……。後ろの親父さんにイライラした顔つきで「まだかー？」と言われる。ため息がうるさい。

ようやく車を入れ、エレベーターに乗り、部屋に着いた途端、マンションの管理人から「立体駐車場の警報が鳴っている」と呼び出し。ドアミラーがちょっとだけはみ出したのが感知され、警報が鳴りやまず、後ろで待っていた人たちが入れなかった模様。

さっきのため息親父さんが、ものすごい剣幕で怒っている。本当にツイてない。

部屋に戻り、「少し、落ち着かなきゃ」と深呼吸。コーヒーでも淹《い》れてリラックスしようと思い、コーヒー豆を挽《ひ》き始める。ふと、怒鳴っていた親父さんの姿を思い出し、「イラッ！」ときた瞬間、コーヒーミルからコーヒー豆がバー！　っと台所中に飛び散る。蓋をきちんと閉めずに、スイッチを入れてしまったのです。

本当にたくさんの引き寄せを体験できたと言えます（笑）。寝坊して約束に遅れそうになり、イライラしながら1日を始めただけなのに、

①コーヒーカップを倒して、床に落とす
②こぼれたコーヒーですべって転ぶ
③立体駐車場で2台待ち
④道路でぶつかりそうになってにらまれる
⑤マンションの住人に怒られちゃう
⑥コーヒー豆を台所にぶちまける

いいことも、悪いことも、二度あることは三度も四度もある。イライラは次から次へと伝染していくのです。この原則さえわかれば、取るべき方法は非常にシンプルです。

感情の記録をつけてみる

では、どうすれば、この負のスパイラルを早い段階で止められるでしょうか？

それは**最初のイライラをやめればいい**のです。

そこでおすすめしたいのは、負のスパイラルが起きたとき、つまり**「うまくいかなかったとき」に何が起きて、どのように感じたのかをすべてデータとして記録しておくことです。**うまくいったときと、うまくいかなかったときの両方を知っておいたほうが、自分の感情をコントロールしやすくなります。

そもそも、うまくいかなかったときのことを振り返って書き留めるという行為は、客観的に自分を見つめる作業なので、負のバイブレーションは出ません。安心して自らの「失敗データ」を記録してみてください。

どんなときに負の出来事が続き、どんなときに望む出来事が起きたかを理解すれば、負のスパイラルを避けたり、止めたりすることができるのです。

自分は価値ある存在だと認める

「もうどうしたらいいかわかりません」。読者の方からそんな相談を受けることが少なくありません。自己啓発の本を読み、生きる希望や人生の喜び、やりたいことをやる楽しさといったものに気づいたけれど、なかなかうまくいかない。

「こんな自分じゃダメだ」「もっと私も自分らしく、幸せに生きなきゃ」「こんな生き方は嫌だ！」と追い詰められている人がたくさんいます。

グルグルと悩み続ける姿はまるであてもなく旅に出て、道に迷った人のよう。

道に迷ったらどうしますか？　地図を見て、目的地を確認しますよね。つまり、**自分が何を求めているのかに気づくことが必要です。**

◈ 自己否定が引き寄せを阻む

あなたの夢や望みが叶わない1つの大きな原因は、自己否定です。自分を愛していない状態では、宇宙と調和できませんから、願いも叶いづらくなります。自分が価値ある存在である、と認めることが成功するためには必要です。

私たちは、他人についてはいろいろなことを冷静に見ることができます。ところが自分を知ることや、自分が見るものに関しては、それに慣れていない人が多いのです。自分のことは確かに見えづらい。だからこそ、自分を見るのにいちばんいいのが鏡です。**文字通りの鏡は外見しか映しませんが、自分の心の内側を映し出す鏡は、他人です。**

他人を見て、自分の心に何らかの反応が起きたとき、それは相手が鏡の役目をしているのです。そのときに湧き出た感情から、自分の欲求が何かを見極め、その欲求を満たしてあげるようにする。これこそが、あなた自身が幸せになり、価値ある人間であると思えるための第一歩なのです。

これまでは自分のことをあと回しにしてきたかもしれません。改めて向き合うのは面倒で、つらいことかもしれません。誰かの意見を鵜呑みにしていたほうがラクかもしれません。しかし、ほったらかしにされたその感情はどうなっていくと思いますか？　すねてひねくれていくかもしれませんし、放置が続くうちに、今悲しいのか、何が欲しいのか、何をしたいのかもわからなくなってしまうかもしれません。

今不幸だ、と感じている方がいらっしゃったら、あなたの心がいちばん喜ぶことを与えてみてください。最初にすべきは、自分の感情と欲求に気づくこと。そして、それを満たしてあげることなのです。

悲しくてつらいなら、まずはその気持ちに耳を傾け、自分自身を抱きしめてあげましょう。心が元気になったら、「何が欲しいの？　ぶっちゃけどうしたい？」と、自分に問いかけてみましょう。コーチングでも、大切なのはゴールを決めることなのです。迷ったときは地図を見て、ゴールを確認しましょう。

願いを叶える力を最大限に高めるために

さて、この項目では、願望達成力を最大限にする方法をお伝えします。巷ではその方法は「宇宙とつながるだけ」「心地よくいるだけ」などと言われることもありますが、必要な要素はもっとたくさんあります。

●具体的にイメージすること（イメージング）
●自分の欲しいものをすでに手に入れている人と交流すること
●自分から行動に移し、継続すること
●手に入ると心から信じること
●感謝の気持ちを持つこと
●脳や潜在意識を活用すること

●知識を取り入れること

このなかで、私が特に大切だと考えているのは「イメージング」と「行動」です。**行動なきところに結果は生じません。**望む未来の引き寄せも、自分から最初の一歩を踏み出すことで、より大きく動き出すのです。

◈成功者は行動している！

「……するだけで引き寄せがうまくいく」などと「だけ論」を語る人も、じつはあれやこれやと無意識で行動しているものです。他人から見たら、驚くほどの行動力を発揮しています。しかし、そんなことを知らない人が聞くと「○○するだけで簡単に手に入るんだ～」と誤解し、行動しないまま、いわば引き寄せ難民になっていきます。

イメージングは、私たちが行動し続けるのに必要なモチベーションを上げてくれるツールの1つです。欲しいものを手にした自分の姿をイメージしながら行動すると、より早く願いが叶います。しかし、イメージングだけに頼るのはおすすめできません。

現実的なことを言えば、願うだけで叶うとか、イメージングだけで叶うというのはウソです。もし、それを本気で信じている人がいたとしたら、こういうことです。それはまるで、東大に受かるために、多くの時間をイメージに費やしているようなもの。そんな妄想ばかりに時間を費やしている暇があるなら、勉強したほうが受かる可能性は高まります。

イメージングと同時に行動することが非常に大切です。私たちが脳内で想像できることは、私たちにそれを創造する能力が潜在的にある、ということですから。想像さえできないものは、創造もできないのですから。

潜在意識からの答えをキャッチする

潜在意識とは、自覚されることなく、行動や考え方に影響を与える意識のことです。心の奥深い層にひそんだ意識で、引き寄せにもおおいに影響を与えるものです。

何かを決めようとするとき、または新しいことにチャレンジしようとするときに、最初のうちは「やりたい！」と張り切っていたのに、途中で迷いが生じ、そのうちに、どうしたらいいのかわからなくなったりしたことはありませんか？

たいていの場合、考えれば考えるほどわからなくなります。なぜなら、頭だけで物事を考え、潜在意識が持つ答えに耳を傾けていないからです。誰かからいつも答えをもらっているような場合も、潜在意識の答えをキャッチしづらくなっていくので要注意。**夢や願いを叶えたいと思うなら、潜在意識にアクセスし、その的確な助言をキャッチするよう習慣付けてください。**

◈潜在意識にアクセスできる質問

自分のなかに答えがないと感じていたり、潜在意識にアクセスしづらかったりする方には、次の方法をおすすめしています。それは、「もし、……だとしたら」という質問を用いて、自分に問いかけてみることです。

「もし、スティーブ・ジョブズだとしたら彼は何と言うだろうか？」
「もし、自分が魔法使いだとしたら、どうするだろうか？」
「もし、自分が尊敬する人の思考を持っていたとしたら、どうするだろうか？」
「もし、ペットのタロウだとしたら何と言うだろうか？」

今の自分とはまったく違う人物（あるいは動物）になりきると、自分の思考や意識的な部分を外すことができ、直感的に答えを探し出せるのです。

「他人になりきって、自分自身の内面にたどり着けるのですか？」と質問されることがありますが、その答えは「イエス！」です。なぜなら、ジョブズや尊敬する人、ペットのタロウになりきったとしても、結局答えを出しているのは、自分自身。つまり、自分の潜在意識から出た答えなのです。

精神世界でも注目される潜在意識

精神分析学者のフロイトや、その弟子であるユングは「無意識」の働きに着目し、人間の心の構造を読み取ろうと試みました。フロイトによると、顕在意識は「氷山の一角」にすぎず、私たちの考えや感情は潜在意識に大きな影響を受けているというのです。

潜在意識とはすべての人の集合意識体であり、あらゆる人々の知識や経験、習慣やクセ、セルフイメージが詰まった巨大な倉庫です。そこにアクセスすることは、どんなに素晴らしい人間からもらったインスタントな答えよりも、はるかに優れた叡智《えいち》を得ることを意味します。ぜひともここを活用したいものです。

簡単に言えば、潜在意識と宇宙はつながっているのです。

そのため、潜在意識の声をキャッチできるかどうかは、願望達成の大きな分かれ目でもあります。

潜在意識にアクセスするには、自分で感じたり、ときには考えたり、自分の奥深くにある気持ちと向き合ったりすることが重要です。

もし、感覚が鈍り、潜在意識の声が聞こえなくなることがあったとしても、

「直感がわかりません」

「潜在意識が何と言っているかわかりません」

「何も浮かんできません」

「難しいです」

などと言うのは禁物です。

これらのフレーズを口にした途端、思考はストップ。脳にマイナスのイメージがインプットされることで、より一層、潜在意識をキャッチできなくなってしまいますので、気をつけましょう。

なりたい自分になりきってみる

ある女性の話です。今でこそ成功者ですが、彼女は起業したばかりの頃、仕事がうまくいってなかったそうです。しかしどんなに金銭面で苦しかったとしても、彼女は誰かと食事するときは、ご馳走し続けました。

そんな自分を「かっこつけだわね」と思っていたそうです。ただ、その一方で彼女には「お金持ちのセルフイメージを徹底的に作ってやる！」という決意もありました。

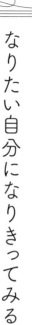

そのうち、周囲の評判が変わり始めました。「彼女、お金持ちよね」「○○さんて、太っ腹でかっこいい」「いつもファッションもビシッ！　と決めているよね」と言われるようになったのです。

さらに、不思議なことに、誰かにご馳走すると、仕事が入ってくるようになり、収入が増えていきました。

彼女は収入が増えても散財することなく、学びにお金を遣い、上質なバッグや靴や時計など、自分に投資しました。また、ご馳走することに苦しさを感じることもなくなり、快くご馳走するたび、もっと仕事が入ってくるようにもなりました。なぜでしょうか？

それは周りの人の意識も手伝って「彼女は豊かで寛大な人」と認識されるようになったからなのです。それもまた、その人のセルフイメージを強めたのです。

もし、彼女が「仕事が欲しい」「お金を得たい」と思い詰めていたら、どうだったでしょうか。それは執着になり、引き寄せを遠ざけたことでしょう。彼女はそれがわかっていたからこそ、「もし手に入らなかったらどうしよう。また会社員に戻るのは嫌だ……」といった**恐れと不安に駆られないよう、あえて「与える」という作戦を取った**のです。

未来の先取り法です。お金持ちになりたければ、お金持ちのようにふるまう。なりたいものに、なりきってみることで、セルフイメージがどんどん構築され、実際に「なりたい自分」になっていくのです。

スペースを空けると入ってくる

願いが叶うよう努力しているのに、なかなかうまくいかないときは「スペース」が足りないのかもしれません。

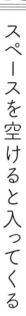

たとえば、ヘトヘトになるまで働き続けていますと、時間の余裕や心の余裕がなくなります。その状態では、新しいアイディアはもちろん、新しく何かしようという意欲も湧いてこないはず。物がいっぱいになっていれば、当然新しい物を入れる場所がありません。つまり、新しい何かを引き寄せるためのスペースが必要なのです。

私は数年前、大きな仕事を2つ手放しました。それまで年に4冊ペースで出版していましたが、半分にすべく予定を調整しました。のんびりしようと思ってしたことです。ところが、いざ仕事を手放してみると、さらに大きな仕事が入ってきました。

会社をもう1つ経営することになり、作家としての仕事のほうでも、書籍ではない形の出版や、雑誌の取材やコラムの連載が入ったり……と、スペースはすぐ埋まってしまいました。

一度経験しますと、次は何を手放そうかな？　と考えたくなるほどです。

これは仕事に限った話ではありません。**凝り固まった思考や人間関係、思い込みといったものを手放すと、誰かが自動的に次のステップに連れていってくれるよう**です。定期的に何かを手放すための見直し作業は大切です。月が変わるタイミングや、誕生日、年末年始などの区切りのいいときがやりやすいかもしれません。

◈何かを手放す勇気を持つ

何かが停滞しているときは、たいてい何かにしがみついているときです。必ずやそこには、手放すべき何かがあります。カオス状態から早く抜け出すには、執着を手放すのが先決。固執するのをやめ、思い切って手放してみると、驚くほどスピーディーに「次の何か」が手に入ります。

しかし、なかには何を手放したらいいか、わからない人もいます。**そのヒントは、いつも頭の片隅にあって「これだけは手放したくない」と固執しているもの。**それにある種の苦痛を感じているなら、なおのこと手放す時期が来ています。

もっとも最初は「手放すのが怖い」と感じるかもしれません。自らの選択とはいえ、手元からなくなるわけですから、勇気も必要でしょう。ただ、そこさえクリアできれば、「引き寄せの法則」のコツがわかってきます。気持ちの安定や心地よさが得られ、物事がうまく回り始めます。

もちろん、うまくいっているときに、無理やり何かを手放す必要はありません。たとえば、クローゼットの整理をするなら、「服の数を減らしたほうがいい」と言われます。ただ、自分がたくさんの洋服に囲まれていることで幸せを感じたり、コーディネートに喜びを感じているのであれば、無理に枚数を減らす必要はないわけです。

どこに何があるのかもわからない状態では困りますが、最善は「自分が心地よい状態に保つ」ということ。他の人と比べることではなく、自分さえわかっていればいいのです。

つまり、**手放すかどうかの決め手になるのは「何かがうまく回っていない」と感じるかどうか。**心地よさが薄れ、モヤモヤすると感じるようになったら、停滞している証しです。

自分が何を手放すべきか考えてみてください。思い切って空けたスペースには、きっと思いもよらないギフトが入ってくることでしょう。

付き合う人で引き寄せがうまくいくかが決まる

夢や願いが一向に叶わないときには、人間関係を徹底的に洗い直すことをおすすめいたします。

たとえあなたが、よいエネルギーを発するようなふるまいや言動を心がけていても、親しくしている相手が周囲を否定し、愚痴ばかり言っていたら、そのネガティブな言葉はあなたにもインプットされます。また、その人の発するネガティブな周波数や波動に、あなたも巻き込まれ、うまくいかなくなる可能性があります。

◈運がいい人と付き合えば運がよくなる

付き合う人はあなたに多大な影響を及ぼします。とても親しくしている人が夢を叶えることが上手な場合、目の前でそれを見ているあなたもまた、「なんだかできる気がする」と思い込み、その信じる気持ちが夢を現実化します。

どうか周りの情報に惑わされず、「あなたが好きな人」「一緒にいると気分が上がる人」「前向きで愛情に満ちあふれる人」と付き合うようにしましょう。

あなたの直感で「いい！」と思った人が、あなたにもっともよい影響を及ぼします。

ここでもバロメーターはあなたの「感情」です。**見極め方は、その人と一緒にいる自分を好きかどうか。**「快」なのか「不快」なのか。それを素直に感じ取って、可能な限り調和した行動をしてみてください。

さあ、実際にあなたが今、親しく付き合っている人を、よーく観察してみましょう。その人が、清らかで美しく軽やかなエネルギーの持ち主であれば、あなたにもその影響があり、あなたもまたそのような人になっていきます。

似た者同士は共鳴します。たとえば、他人に優しく、誠実で愛情豊かな人同士が仲よくなりますと、その特質はさらに強くなっていきます。「どんどん目標に向かっていくぞー！」というように、がんばることが好きな者同士が付き合うと、さらに行動力が増します。運がいい人と、運がいい人が付き合えば、ますます運がよくなるのです。

願いが叶わないときのチェックリスト

あなたの望みが叶わないのには、何かしら理由があります。言い換えれば、あなたは自分の引き寄せ力が強いとき、弱いときのそれぞれの状態の違いを把握できていますか？

「なんだかうまく回らない」「何もかも裏目に出る」「どこかサクサクと進まない」というときは、次のチェックリストで自分の状態を振り返り、今の自分を見つめ返すきっかけにしてみてください。

□心身ともに無理している
□気持ちと行動が一致していない
□心と時間の余裕がない
□自分や他人に対して、否定的になっている

□怒りや悲しみ、自己否定など負の感情を長く持ち続けている
□妬み、恨みなどを抱いている
□直感があっても行動に移せずにいる

これらは簡単に言いますと、**人の意識レベルが下がっている状態**です。負の感情の影響を強く受けやすくなっており、願望達成もうまくいきません。負の感情そのものが悪いわけではありませんが、その感情は重苦しいもの。物事がサクサク進まなくなり、悪いことばかり重なってしまうのです。ですから、**長くそこにとどまらないようにしましょう。**

負の感情は自分の本質を知る宝物でもありますが、いつまでも持ち続けていますと、体にも害がありますので、早く解放されるべきです。そのエネルギーは楽しいことに使ったらいいのです。すると、楽しい結果があなたの元にもたらされます。

3章

今すぐ行動力を上げる！

——「未来へのワクワク」にフォーカスすればうまくいく！

「がんばる」「がんばらない」を使いこなす

本章では「行動力を上げる」ためのコツを見ていきましょう。

願望達成を考えたとき、引き寄せの法則においては、「ただただ心地よくいること」が大事だとよく言われます。一方、欲しいものを手に入れるには「ストイックにがんばる！」「努力する！」ことを勧める方法もあります。

さて、どちらが成功させるのでしょうか？

「がんばる」を意識することは、脳に負担をかける

じつは「がんばる」という行為は、脳に負担をかけるようです。脳科学者の茂木健一郎さんの著書には、次のように書かれています。

脳の前頭葉には「努力するために使う回路」とも呼ぶべき部位があります。その回路が活性化されている状態が、一般的に「頑張っている」と呼ばれる状態です。

この「努力する回路」は意外なことに、何かを習慣化したり継続したりすることには向いていません。なぜならその回路はことのほか脳のエネルギーを消耗させるため、頑張り続けると疲れてしまうからです。つまり、毎日「頑張るんだ」と意識し続けている人は、実は相当な脳への負担がかかっているのです。

茂木健一郎『結果を出せる人になる！「すぐやる脳」のつくり方』（学研プラス）

たしかに「がんばる」と聞くだけで、疲れる感じがするという方もいらっしゃることでしょう。最近では「がんばらない」が主流になっているように感じます。しかし、本当に「がんばらない」ことで結果が得られるのでしょうか？　結果を出すにはどうしたらいいでしょうか？

30代の頃の私は、がんばって、がんばって、がんばり抜く日々を送っていました。その頃がんばりすぎたので、もう今となっては、がんばるのが大嫌いになりました。

「がんばる」という言葉は、「つらい」「苦しい」「しんどい」といった過去のネガティブな感情とリンクしているからです。

しかし、がんばるのは悪いことばかりではありません。人は、小さな何かを達成しただけでも、脳内にさまざまな神経伝達物質が出るそうです。達成感のときには快楽物質のドーパミン、できなかったことができるようになったときにはモルヒネの何倍もの鎮静力があるβ－エンドルフィンなどが放出されて、次なるやる気につながっていくのです。

がんばることが苦手な人は「がんばらなくていい」と言われると安心します。しかし、それは一時的に癒やされただけ。しばらく経つとまた苦しくなります。その仕組みを説明しますと、そもそも脳は、潜在意識も否定語も、主語も聞き分けないという特徴があります。「あんたブスね」と誰かに言ったとしたら、それは自分にもまた「ブスだ」とインプットしていることになるのです。「廊下を走らないで」とは、「廊下を走る」というイメージなのです。つまり、「がんばらない」と言われた脳は、「がんばれ」と理解し、脳と心に負担がかかるのです。

そして「がんばらないでいいんだよ～」「あなたはそのままでいいの～」という言葉にすがり、何も行動せずにいるうちは、結果はついてきません。人には努力したり、がんばったりすることが必要なときがあるものです。一生がんばり続ける必要はないまでも、人生のなかで「ここぞ！」というときや、継続が必要なときなどは、がんばり続けることが大切なのです。やり遂げたときの達成感や、得られた自信、自尊心は一生の宝物となることでしょう。

誰にでも潜在的に「精いっぱいがんばりたい」という欲求があるもの。だから人は、誰かのがんばりや努力に感動します。アスリートの姿に感動を覚えるのは、その背景にあるがんばりや努力が見えるからです。

ただ、もしもがんばってもうまくいかないなら、いったん、がんばるのをやめてみましょう。肩の力を抜いて十分な休息を取り、のんびりいきましょう。**目標を達成するには休むことも必要なのです。**

◈がんばった経験のある人は、がんばらないことの意味がわかる

こうした「がんばらない」を実践できるのも、過去にがんばった経験があるからこそ。

たとえば、「体の力を抜いてください」と言われたとします。すんなりできる人もいますが、まったくできない人もいます。どのように力を抜けばいいのかがわからないのです。そんなときは逆に「全身に思いっ切り力を入れてみてください」と伝えます。体がカチンコチンになるまで力を入れてもらったあと、「体の力を抜いてください」と伝えると、力を抜く感覚がわかるようになるのです。

「がんばる」もまったく同じです。本気でがんばった経験があるからこそ、「がんばらない」がどのような状態なのか、わかります。

「がんばる自分」を休むきっかけを捉えられるようになれば、「がんばる」「がんばらない」を自在に使いこなせます。これこそが最強の行動術だと言えるでしょう。

行動力を身につけるシンプルな方法

願いを叶えるためには、言わずもがなですが、「行動」をしなければ始まりません。「でも、その行動力がなくて困ってるんです……」と言う人はどうすればいいでしょうか？

行動を阻む「無理だよね……」

何か新しいことを始めるときは、必ず「抑制力」が働きます。それは誰にでもある心理的傾向です。最初は「やりたい！」と思ったけれど、「お金がないし、時間もないし……やっぱり無理だよね……」といった具合に、始められない理由ばかりが頭に浮かびます。

この、「無理だよね……」が見えない壁となり、「やりたい！」「やれるかもしれない！」という気持ちを遮断します。「無理だよね……」と思った瞬間から、**私たちの脳は「無理な理由」を探すようになり、どんどん行動に移せなくなるのです。**

弊社で提供しているお金のオーディオプログラム、『マネー・リプログラミング』でも、「何か新しいことを学んだときに〝難しい〟〝無理〟と絶対に言わない、思わない」というルールを最初にお伝えします。

これらの「ブレーキをかける言葉」を口にしたり、思い浮かべたりした途端、動けなくなるからです。最初の一歩が踏み出せなければ、結果は何も手にできません。逆に言うと、**最初の一歩さえ踏み出せれば、行動力はどんどんアップします。**

一瞬でも「やってみたい」と思えることに出会えたら、「できるかどうか」を悩む代わりに、「よし！　やる！」と決めてみましょう。それだけで周囲が動き始めます。情報が次々に入ってきたり、予算のメドがついたり、応援してくれる誰かが現れたり……。そんな不思議な体験が待っているはずです。

行動の動機が、何であるかを知る

一方、「目標や夢はあるけれど、自分から動く気になれない」と言う人の場合は「動機」を見直してみる必要があります。

たとえば、女性起業家のライフスタイルを見て、「私もあんなふうにお金持ちになりたい」と思ったとします。ここで重要なのは、「なぜ、お金持ちになりたいのか」をしっかり考えることです。

お金をザクザク稼いで、好きなことをしたい。好きなブランドものを好きなだけ買ったり、素敵な部屋に住みたい。高級レストランで思う存分、ディナーを楽しみたい……といったことは表面的な欲求であり、本当の動機とは言えません。

●好きなことをすると何が得られるのか？
●それを得ることで、どんな感情や気持ちになるか？

●なぜ、その感情が欲しいのか？

これらをよく考えてみましょう。動機のない目標や夢は行動に移せません。仮に、最初の一歩は踏み出せたとしても途中でつまずいたときに、継続できなくなってしまうからです。つまり、動けないのは「真の動機がわかっていないから」。あるいは「もともと、そんなに願っていたことではなかった」という可能性が高いのです。

動機には大きく分けて、「目標達成型」と「問題回避型」の2種類があります。前者は、夢や目標を達成したときの楽しさがモチベーションになります。一方、後者は、達成できなかったときの問題を回避したいという思いが原動力になります。

美容にたとえると、目標達成型であれば、「美しくなりたい」「スタイルよくありたい」「モテたい」などが行動力をあと押しします。また、問題回避型であれば、「太りたくない」「不細工になりたくない」「病気になりたくない」などがやる気につながります。この2つの動機が重なったときの行動力は、とても大きなものになることでしょう。

目標や夢が決まったら、ぜひ自分自身に動機を問いかけてみてください。

●なぜ、その目標や夢を叶えたいのか？
●もし、叶えられないとしたら、どんなふうに困ることがあるのか？

これらの答えがしっかり見つけられれば、誰でも行動に移せます。そして、途中で挫折することなく、目標を達成するまで行動し続けられるのです。

五感を使って欲しいものをイメージする

あなたにとって「欲しいもの」は何ですか？

●自信を持ちたい
●仕事で成功したい
●禁煙したい
●キレイになりたい
●プラス思考になりたい
●新しい家や車が欲しい

こんなふうに、次々と思い浮かぶかもしれません。

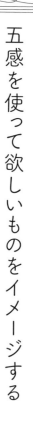

しかし、欲しがれば欲しがるほど、それらは手に入りづらくなります。繰り返しご説明しているように、「欲しい」と強く願うことは、「持っていない」というマイナスのメッセージを自ら脳にインプットすることにつながるからです。

お金持ちは「お金が欲しい」とは思っていません。すでに、たくさんお金を持っているからです。自分たちは豊かだと思っている彼らは、もっともっと豊かになっていきます。

一方、お金がない人はどうでしょうか。「生活が苦しい」「もっとお金が欲しい」と思えば思うほど、欠乏感に心を奪われ、お金がない生活から抜け出せなくなります。

◈願望達成の手助けになる「イメージング」

では、どうすればいいのでしょうか。

大切なのは「**欲しいものが手に入ったときのプラスの感情に浸ること**」です。欲しいもの、望んでいることがあるとしたら、五感をフル回転させ、手に入ったときのイメージや感情を味わってみてください。

もし、なかなかイメージが湧きづらいというときは、実際に体験してみましょう。


たとえば、「家」が欲しいとします。そんなときはどうぞ、理想に近いモデルルームを訪れてみてください。そして、その家の雰囲気を全身で味わいましょう。キッチンに立ち、ダイニングテーブルに座り、理想の家で暮らしている自分や家族を思い浮かべてみてください。


玄関のドアを開け、家に入るとどんな匂いがしますか？

キッチンに行き、大好きなコーヒーを淹れましょう。今日のコーヒーの香りはいかがですか？

コーヒーを淹れたら、マグカップを持ち、リビングに行きましょう。お気に入りのソファに座って飲むコーヒーの味はいかがですか。ソファの座り心地、肌触りはどうでしょうか。

さあ、夕方になると、カギを開ける音がして「ただいまー」という声が聞こえてきます。玄関から愛する旦那さまが帰ってきました。

あなたは「おかえりなさーい」と玄関に出迎えに行き、旦那さまからカバンとジャケットを受け取り、寝室に持っていきます。

さて寝室はどんなインテリアでしょうか。どんな香りがしますか？　大好きなアロマでしょうか。それとも花の香りでしょうか。

こんなふうに、映画でも見るように、「カラーの映像」でイメージし、五感で味わうのがポイントです。**ストーリー性があるとよりベスト。願望達成の強力な手助けになります。**

ワクワクした気持ちになったり、「うれしい」「楽しい」という感情が湧いてきたら、イメージング成功です。「なんだかわからないけど、叶うような気がしてきた」というところまでいけたら、間違いなく夢は叶います。

「美しさ」を手に入れたいなら

私は、「美人になる方法」という大それたタイトルで、15年以上にもわたり、ブログを書いてきました。「外見の美しさ」についてもときどき扱いますが、おもな内容は内面の美しさに関することです。心の在り方を中心に願望達成の方法や成功の法則、そして人としての在り方によって美しく輝く方法などについて綴《つづ》っています。

本来女性は、本能的に誰でも「美しくありたい」という願いを持っています。ところが、なかには年を重ねるにつれ、坂を転がり落ちるように美への興味が低下していってしまう方もいます。

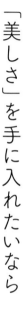

◈美しさは、周りの人々をも心地よくする

じつはかつての私がそうでした。40歳になった頃、ちょっと太ったことがきっかけでした。当時、自分で決めていた体重のボーダーラインを超えてしまい、しばらく放置するうちに、ボディラインをキープする意欲がなくなってしまったのです。そのうち、「ほんのちょっと太っただけ」が「ちょっと太った」になり、少しずつ、少しずつ危険ゾーンに突入していきました。

そんなある日、意を決して参加したエクササイズのクラスで、美しいボディラインのトレーナーを目の当たりにするとともに、自分の崩れたボディラインを直視することになり、大きなショックを受けました。

それがきっかけとなり、これまで以上に痩せ、理想のボディラインを取り戻しました。

もちろん、外見美だけが美しさではありません。しかしながら女性として生まれ

た限り、神様からの借りものであるこの器（体）を大切にケアしながら、健康的であり、美しくあることは大切なことです。

美しさは自分のみならず、周りの人々にも心地よく作用します。あなたに関わる人が心地よく過ごせることは、あなたにもいい影響を与えます。

あなたが美しいということは夫を喜ばせることでしょう。子供にとっても自慢のママであり、そして、誰かの目の保養になっていたりもするのです。

なにも絶世の美女である必要はありません。**美に関する意識を高めるだけで、女性が本能的に持つ美しさが発揮されるもの**なのです。

◈大人の女性には、心の美しさこそが必要

もっとも、美しさに関して何よりも重要なことは、魂の美しさです。人としての本来の美しさはそこにあるのです。

私は、美輪明宏さんや、小林正観さんの本を好んで読みますが、厳しくも愛にあふれる彼らの言葉たちは、魂の美しさをほとばしらせています。

現代社会では、美しい言葉たちは失われ、他人への思いやりも失われ、自分さえよければそれでいいとばかりに、自分勝手に生きようとする人が多く見られるようになりました。礼節も軽んじられるようになっています。

若い頃であれば、無知なふるまいすらもかわいらしく、許される場面も多くあります。しかし、年齢を重ねていくうちにそれは見苦しいものになっていきます。**大人の女性にとって、品格のあるマナーを身につけ、最低限の気遣いができることは、美しさと表裏一体です。**発する言葉から立ち居ふるまいまで美しい女性は、何歳になってもオーラが輝き、一緒にいても心地いいものです。

美しさは、外見の美醜だけではありません。心の美しさが自然に外側に反映されてこそ、本当に美しい人と言えるのです。

「いい人間関係」を手に入れたいなら

いい人間関係を手に入れたいなら、重要な秘訣が2つあります。結論から申し上げますね。**1つ目は、「誰と付き合うかよりも、誰と付き合わないか」。これがいちばん大切なことです。**

付き合う人によって今後の運が左右される

なぜそう言えるのでしょうか？

それは、10人の「いい人」と付き合っても、11人目のたった1人が、あなたに対して害悪を与えるような人であれば、生活はもちろん、あなたの精神状態までもが脅かされ、その人と縁が続く限り、悩み、苦しみと付き合うことになりかねないからです。人生が狂わされることもあるのです。

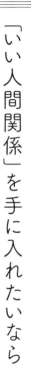

しかも、嫌な人と付き合っていると、さらに嫌な人を引き寄せます。ですから、**嫌だと感じる相手や、一緒にいると疲れる相手とは付き合わないのが人間関係の鉄則です。**

もし、そのような相手があなたの交友関係のなかにいるとしたら、冷たい言い方になるかもしれませんが、まずはその関係をやめることをおすすめいたします。

一緒にいて「何かが違う」と思うのは、潜在意識からのメッセージですから、注意する必要があります。

人間関係はあなたが想像している以上に今後の運や、引き寄せの善しあしを左右するものです。つながってはいけない人とつながると、本当に運気が低迷します。嫌だなと感じる相手や一緒にいると疲れる相手は、波動が合わないということなのです。

◈素を出さないと、望んでいない人までも寄せつける

では、自分にとって「いい人」と付き合うには、どうすればいいのでしょうか。

いい人間関係を手に入れる秘訣の2つ目は「できる限り、素の自分で接する」ということです。

先にも書きましたが、引き寄せの法則は「類友の法則」と同じです。あなたがウソの自分を装い、誰彼構わず合わせてばかりいると、望んでいない人々までもが寄ってきます。素を隠せば隠すほど、あなた好みではない人が寄ってくるのです。

無理せず、本当の自分を出すことで、それに魅力を感じる人々があなたに引き寄せられてきます。あなたを悩ませるようなタイプはいなくなっていくことでしょう。

人生のなかではときどき、人間関係の総入れ替えのようなことがあります。自分をもっと向上させたいと思ったり、自分の人生を歩み始め、価値観が変わってきたりしたときに、周りの人々に対して「あれ？　なんか違う」と感じる機会が増えてきます。相手からも「あなた変わったよね？」と言われるかもしれません。

今まで仲がよかった友達や夫婦でも、相手に違和感を覚えたり「一緒にいて楽しくない」と感じてしまうことがあります。自分もしくは相手のどちらかが変わり始めたことで、お互いの波動にずれが生じてしまうのが原因です。簡単に言うと「気」が合わなくなるのです。

ここでいう「気」とは、自分と相手が発する「気」、前述のようにエネルギーや波動、周波数、バイブレーションなどを指します。

なかには違和感を我慢することを選択する方もいらっしゃると思います。それはそれでOKです。我慢するだけのメリットがそこにあるからこそ、違和感や不快感があっても付き合うのでしょうから。

ただ、もしも無理してまで付き合わなくてもいいレベルであれば、その違和感には敏感でいましょう。人は、付き合う人からかなり影響を受けます。**嫌な人とは無理して付き合わず、心地いい人と一緒にいる。**これがよい人間関係を培う鉄則です。

「運命の人」と出会う方法

運命の人と出会いたい。そんなふうに考えている女性もまた、多いものです。これまでコーチングのセッションでも、ズバリ、このテーマを数多く手がけてきました。

◈「出会えない」と思ったら、出会えない

長年にわたり、男性とのご縁がなかった人に共通するのは「運命の人と出会いたい」と願うと同時に、「運命の人とは出会えないだろう」と強く信じてしまっていること。ここまで、この本を読んでくださっているあなたなら、もうピンときたかもしれません。そうです。**潜在意識に「出会えない」というマイナスの情報をインプットすると、現実でも出会えなくなってしまうのです。**

「もう若くないし……」

「私はキレイじゃないから……」

そんなふうに思っていませんか？

運命の人を引き寄せるために必要なことは「若さ」でも、美しさでもありません。

もちろん、若さや美しさは男性に見つけてもらえる確率を高くする要素のひとつです。しかし、それらの要素はもっとも重要なことではありません。

◈「運命の人と出会ったとしたら」を想像する

大切なのは「運命の人と出会いたいのはなぜか？」という動機を明確にすることです。そして「運命の人と出会ったときのイメージや感情」を五感で味わうこと。あたかもすでに願いが叶ったかのような喜びを先取りすることで、現実があなたのイメージに追いついてくるのです。

もし、彼氏が欲しい理由が「ひとりだと寂しいから」という場合は、先に寂しくない状態を作りましょう。「寂しさが解消された状態」を存分に味わうことで、「寂しくない現実」を引き寄せます。

また、「彼氏がいたら自分はこんなふうに過ごすだろう」と思う生活を実践し、湧き上がる感情を楽しんでください。

「彼氏ができたら、キレイにする」と思うなら、あたかも彼氏がいるかのように念入りに肌の手入れをし、メイクや服装にも気を遣ってみましょう。「彼氏がいたら料理をする」と言う方は、もうすでに彼氏がいるものとして、日々の料理を楽しみましょう。

「ひとりの生活が楽しくなりすぎると、出会いを遠ざけるのでは？」と心配される方がいます。でも安心してください。「出会いたい」という気持ちがある限り、心配はいりません。あなたが願い、行動に移せば、その未来はやってくるのです。

さて、もう1つ大切なことをお伝えしましょう。それは**「人生のなかで運命の人はたったひとりではない」**ということです。

私自身もそうでした。離婚した元夫とは、出会ってから18年という年月を一緒に過ごしました。もし、私の人生が100年あるとしたら、人生の約5分の1を共有したことになります。しかも、「ワタナベ薫」という人物が出来上がる、非常に重要な時期をビジネスパートナーとして支えてくれました。彼は私にとってかけがえのない「運命の人」だったと、別れた今も思っています。

◇出会いについての大まかな運命は決まっている

よく「出会いは必然」と言われていますが、別れも然りです。結局どっちも必然ならば、あなたがもし、誰かと出会いたいな～と思っているとしたら、いつか必然的に出会うようになっているということ。出会いに関しても大まかな運命というのは決まっているのです。であるならば、**躍起になって探さなくてもいつかは出会えるようになる**のです。もちろん、自力で婚活や合コンに勤《いそ》しみ、出会うというのもありです。

しかし厄介なのは、お互いに赤い糸で結ばれているにもかかわらず、その糸がこんがらがっているケース。必然の出会いさえもブチ壊してしまうほど、自分のメンタルや思考、感情の状態が悪ければ、「ここで出会う」というシナリオ通りにいかなくなるのです。

つまり、直感や潜在意識が鈍っていますと、相手が近くにいても運命の人だとわからなかったり、出会う予定だったものが出会えなくなったり、なんてことが起きてしまう。運命の人と出会えなくしている要因があるのです。さらに言えば、どんどん自分がくすんでいて、キラリと光るものがくもってしまい、相手にも見つけてもらえません。

ゆるやかで、心穏やかで、心地いい状態であったときに、あなたらしさが輝き、あなた本来のいい周波数が相手にも伝わります。「あ！　いた！」と見つけてもらえたり、あるいは「あ！　あの人、なんか気になる！」と自分の直感が働いたりするものです。自分を押し殺し、本当の自分になっていないときには相手に見つけてもらいにくいですし、自分の目もくもってしまいます。

なかには、今生では「結婚しない」シナリオを設定してきた人がいるかもしれません。しかし、運命とは決まりきったものではなく、変更可能なもの。本にたとえるなら、あらすじや章立てといった枠組みなのです。中身の変更は、自由自在です。

この地上に「オギャー！」と生まれたあとは、いつでも調整可能なのです。運命の人にも、心から望めば出会えます。

ただし、望んでいても行動が伴わないと出会いの確率は下がります。そのためにも、女性らしく、まずはキレイにしておきましょう。美しさは波動の高さ、あなた本来の輝きを発揮するためのもの。美しさは自分にとっても、他人にとっても、心地よさなのです。

「結婚」と「子供」について

少し前のデータですが、平成26年度の内閣府の結婚・家族形成に関する意識調査では、「結婚しなくてもいい」と思っている未婚の30代女性は4割以上にのぼるそうです。ですが、それでも5割強の人は制約があるこの婚姻制度に入ることを望み、「やっぱり結婚したい」と思うわけです。なぜでしょうか？

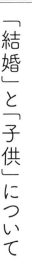

◈結婚によって確実に得られるものはない

多くの人が結婚には「安心」と「安定」と「幸せ」があると思っているのです。「ふたりはひとりに勝る」という聖書の言葉があります。もしも1人が倒れたら、もう1人が起き上がらせる。2人で一緒に横になれば温かいけれど、1人ではとうてい温かくはない、という話です。そんなふうに、老後が独りぼっちなんて寂しすぎる、と思っている人もたくさんいることでしょう。

ですが、お伝えしておきます。

冷たい言い方になるかもしれませんが、幸せは結婚に左右されません。結婚によって安心や安定、そして幸せが得られるとは限りません。経済的なことも、2人の絆や愛情も同じです。結婚によって確実に得られるものは何もありません。

充足感や満足感、幸福感はありますが、不安も消えはしないし、苦しいことやしんどいこともあり、夫（あるいは妻）にいらだつことも多い。そんななかで、お互いに譲歩し合いながら学びと成長を共に遂げるものなのです。

結婚生活は感情と感情のぶつかり合いです。人生のなかで大きな学びの場と言えるでしょう。

◈子供がいても、いなくても幸せであると知る

子供を持つことに関しても同じです。

多くの人が「子供がいれば、幸せになれる」と考えています。しかし、真実はこうです。

子供がいたら、幸せになれます。

子供がいなくても、幸せになれます。

いてもいなくても、幸せにも不幸にもなれます。

結婚してもしなくても、子供を持っても持たなくても、どちらであっても、じつはもうあなたは幸せな存在なのです。大切なのは、そこに気づいているかどうか、ということだけ。子供に関して、少しだけ私の経験を書きますね。

私が子供を産むかどうかを考えたのは37〜38歳の頃でした。もともとは欲しいと

思っていませんでしたが、年齢を重ねていくうち、欲しいとか欲しくないとかの話ではなくて、頭のなかはただただ「産めるリミットが迫ってきている」ということしか考えられなくなってしまったのです。

病院に行き、タイミング法と漢方の体質改善をやってみたら3か月くらいで授かりはしましたが、残念ながら流産しました。そこで初めて本気で子供のことを考えたのです。

じつを言うと、内なるところから出た最初の声は「うわー、面倒くさい」でした。当時、母親になることは、女性としての喜びと成長の大部分を占めるものだと真剣に思っていました。

なのに、どうしてもその責任を担ってみたい、と心からは思えなかったのです。「できたらできたで、なんとでもなる」と今ならわかりますが、未熟だった私にはそうは思えなかったのでしょう。

その後、ますます出産のリミットが近づくにつれ、迷いがあったのはウソではありません。「本当に、本当に産まない選択をしていいの？」と何度も自問しました。決断のときがどんどん迫ってきます。「子供のいない人生でもいいや」と思ったのは確か42歳の頃です。「仕事に生きてもいい」となんとなく思ったのです。

◈天はあなたに悪いようにはしません

それは、決断というほどではありません。決断をすることを放棄したといったほうが、正確かもしれません。つまり「天に任せる」という方法を取ったのです。「どっちでもいいや～」です。その結果が今なのです。私には子供がいません。

妊娠。これぱっかりは、やっぱりご縁なのでしょう。欲しくて欲しくていろいろとやっているのにできない人もいれば、きっちり避妊していたのにできる人もいるわけです。

欲しい方におすすめすることは、後悔しないためにも、現実的にやるだけやったら、あとは天に任せる。天はあなたに悪いようにはしないのです。

子供がいてもいなくても幸せになれます。結婚していても、しなくても幸せになれます。置かれた立場で、幸せに気づくことが大切なのです。**幸せに条件はいらないのです。**

彼氏がいるから幸せ、お金があるから幸せ、結婚しているから幸せ、子供がいるから幸せ、健康だから幸せ、持ち家があるから幸せ……すべて幻想です。

幸せかどうかは、どんな環境でも自分で決めることができるのです。ないものを欲して嘆くよりも、今あるものに目を留めることのほうが幸せです。**全部持っていなくても、あってもなくても、もともと私たちは幸せな存在なのです。**

直感力を身につける

未来の願望を達成するための近道は、「直感力」を磨くことです。日常生活のなかで、日々、直感を捉える習慣を身につけましょう。何をすればいいかといいますと、ふと頭に浮かんだことを無視しないこと。「パッ！」とよぎる感じを捉えるのです。

直感に従って行動できると、望む人生が手に入る

直感力とは、未来に起きる出来事を感じる力です。それはまさに、あなただけのオーダーメイドの、最良のアドバイスなのです。たとえば、友達に誘われて知らない場所に出かけるとき、「いい感じ～ワクワクする～」と感じることもあれば、「なんとなく嫌な予感がする」と気乗りしないこともありませんか？

「なぜ、そう思うの？」と聞かれても、「うーん、なんとなくそう思う」としか答えようがない。これこそが直感です。そして、その直感に従って行動できる人は、自分の望む人生を手に入れることができます。

私自身もそうでした。今でこそ、コーチングのコーチを経て、作家および会社の経営者として活動していますが、以前は心理カウンセラーを目指し、スクールに通っていました。しかし、どうもしっくりきません。心の悩みごとを相談されるよりも、未来の願望を達成するお手伝いをするほうが自分には合っているのではないかと思っていました。

そんなある日、ネットサーフィンをしていたときに「コーチング」というキーワードに出会います。気になって調べてみたところ、地元である仙台にスクールがあることもわかりました。当時はまだ、知名度もなく、周囲に話しても「コーチングって何？　それって信用できるの？」という反応でした。

でも、ピン！　ときてしまった私はすぐに説明会を予約し、スクールの見学に行きます。さらに内容にビビビ！　ときて、受講を決めたのです。

コーチングスクールの受講費は約55万円。でも、そのとき、私にはお金がありませんでした。心理カウンセリングスクールに行くために貯金を使い果たしてしまっていたからです。でも、見つけたときの「これだ！」という直感が勝り、分割払いで受講することに。蓋を開けてみれば、すぐにクライアントが見つかり、受講料はあっという間に返済できました。

誤解してほしくないのですが、借金を勧めているわけではありません。「お金は計画的に！」というのは基本中の基本です。しかし、私にとってコーチングスクールの受講は人生の「賭け」でした。おかげで、普通の主婦だった頃とは、まったく違う世界で生きている今の私があるのです。

直感力に敏感になる！

では、直感力を磨くにはどうすればいいのでしょうか。最初の一歩は、「日常生活のなかで直感を大切にすること」です。

ふと頭に浮かんだことを無視せず、行動に移してみましょう。たとえば、なにげなく頭のなかをよぎった友人の顔。懐かしいな～と思うだけでなく、すぐに連絡を取ってみましょう。相手も「えー！　私も思い出していたところなの！」と喜んでくれるかもしれません。新聞に載っていた書籍の広告が気になったら、さっそく手に入れてみましょう。そこには、〝人生を変えるような何か〟が書かれているかもしれません。

特に注意深くキャッチしたいのがシンクロニシティ（意味のある偶然）です。何度も同じ情報を目にしたり、気になって仕方がないことが繰り返し起こるのには理由があります。

ピン！　ときたら、パッ！　と行動を起こす。これを習慣にすれば、どんどんよいことを引き寄せることができます。

行動できる女の「自分アポ」

これまで、願望を叶えるためには「行動が大切」ということを繰り返しお伝えしてきました。

「よし、行動を起こしてみよう」と思っていただけたでしょうか。もしかしたら、「行動したいけれど、忙しくて時間がない」「やるべきことがたくさんありすぎて何から手をつけていいかわからない」という新たな悩みに直面された方もいらっしゃるかもしれません。

ここでは確実に行動に移すための方法をご紹介します。

まず、時間に追われて行動に移せずにいるという方におすすめなのは、「自分自身にアポイントメントを入れる」という方法です。

未来の自分にアポを取る

忙しくてまったく予定が見えないというときであっても、カレンダーや手帳に「この日は○○をする」と書き込んでみてください。

たとえば、いつもとは違う、ちょっと高級なランチを楽しみたいと思ったら、1か月先の予定としてカレンダーや手帳に書いてしまいましょう。

お友達と約束してしまうのもいいですね。「クローゼットの整理をしたいな」と思ったら、前もって予定に書き込みましょう。これらの予定を何度も見ているうちに、心と頭の準備が整い、行動を起こしやすい環境が整います。

なかには「実現できないと落ち込むので、予定は決めたくない」と言う方もいます。でも考えてみてください。「どうせできるわけがない」「やれた試しがない」という過去の経験をもとに、自分の可能性にブレーキをかけるのは本当にもったいないことです。

行動できるかどうかは、ただの思考のクセにすぎません。誰でも簡単に行動的になれます。難しいことなんて何ひとつないのです。

やりたいことが多い人のための、優先順位のつけ方

やりたいことがたくさんありすぎて、動けずにいるという人は「優先順位のつけ方」を見直してみましょう。じつは、優先順位のつけ方は驚くほどたくさんあります。

●金銭的にできそうなものは？
●重要度が高いものは？
●楽しんでできるものは？
●緊急性があるものは？
●作業時間が短いものは？
●もっともやりにくい、またはやりたくないものは？

さて、どの順番で進めるのがベストでしょうか。「好きなものから手をつけて、その勢いで最後まで走るのが好き」など、人によって好みがあるかと思います。

ここでは、すべての方に一度試してみてほしい方法をご紹介します。それは、**「もっとも気が重いものを最初に終わらせる」**というものです。

「気が重い」というのは文字通り、「気（エネルギー）」が重たいため、いつまでも残しておくと、心と体の重しとなり、行動力の低下を招きます。

引き寄せの法則は、自分と同じ周波数のものを引き寄せるのが原則です。「やらなきゃ！」と思う、気の重いことがいつも頭の片隅にある状態では、その後も気の重い事柄ばかりが起きることにもなりかねません。簡単に言えば、運気を下げてしまうのです。

気が重いことに遭遇したら、「自分アポ」でサッと片付けてしまうクセをつけると、フットワークが軽くなります。あなたの行動力はますますアップし願望も叶いやすくなっていくことを体感できることでしょう。

4章

お金が豊かにめぐりだす習慣

——大切なのは「感謝」と「与える気持ち」

貧しさよりも豊かさに目を向ける

この本を読んでくださっている皆さまのなかにも「お金持ちになりたい」「経済的自由が欲しい」という願いを持っていらっしゃる方は多いかと思います。そこで、お金の願望達成についてしっかりお伝えする章を作りました。

まず、豊かになるためにもっとも大切なことは、「いったん忘れてみる」ということです。お金を得たいと思うなら、一度お金のことを忘れてください。お金のために何かするという行為もやめましょう。「お金を得るために」という前提があっての行動は、「お金がない」という負の情報を潜在意識にインプットすることになります。そして、その意識は現実となり、お金は入ってきません。

何かやりたいことや、実現したい目標が決まったら、お金のことは忘れて、目の前のやることに集中してみましょう。また、**自分の収入を上げることよりも、周囲**

の人たちを豊かにすることに意識を傾けるのも効果的です。与えたものはいずれ与えられるものなのです。

「与える精神が大切と言われても、他人さまに与えるほどの余裕はない」とおっしゃる方もいるかもしれません。しかし、与えられるものは何もお金だけではありません。また、何かものを差し上げるにしても、高価なものである必要はありません。

たとえ、100円のチョコレートであったとしても、気持ちが大切です。また時間や労力、愛情や親切といったものを差し上げるという選択肢もあります。

お金がないときに絶対にやってはいけないこと

もっとも、経済的に逼迫《ひっぱく》し、それどころではないというケースもあるかもしれません。「お金持ちになりたい」以前の問題で、金銭的に苦しい生活から脱却したいという場合は、どうすればいいのでしょうか？

お金がない生活は不安で苦しく、貧乏にがんじがらめにされたような感覚に陥ります。私自身も過去に経験がありますが、負のループに入ってしまい、身動きが取れなくなるのです。

お金がないことに悩んでいるときに、やってはいけないことのなかに「貧乏自慢」があります。特に、多くの人に影響を与えるSNSやブログに「お金がない」といった趣旨の投稿をするのはとっても危険なことです。

自分の意識のみならず、周囲の意識にも影響を与え、「お金がない」ということが揺るぎない事実として定着していきます。多くの人はセルフイメージ通りの行動をしますので、もっともっと貧乏になっていくのです。

ありがたかったこと、よかったことをメモしよう

しかし、この仕組みさえわかれば、脱出は簡単です。

「貧しさ」に注目するのをやめ、「豊かさ」に目を向けましょう。

日々の生活のなかで遭遇した「ありがたいこと」を毎日メモしてください。「よかった！」と思ったことを書き出してみてください。感謝の気持ちとともに記録し

ていくだけで幸せになり、その幸せの周波数がまた「小さな幸せ」を引き寄せてくれます。その結果、少しずつ、少しずつ……ではありますが、豊かになっていくのです。「生活が苦しいのに感謝なんてできない」と思った人も、ここが踏ん張りどころです。

私もお金がなかった頃は、同じように感じていたこともありました。でも、考えてみてください。

もし神様がいるとしたら、日々の出来事に感謝しながら暮らしている人と、愚痴や文句ばかり言っている人、どっちに贈り物をあげたいでしょうか？

当たり前のように過ごしている日常は、じつは当たり前ではありません。ご飯を食べられることも、青い空と白い雲を眺められることも、家族がいることも、雨風をしのげる家があることも、すべて「ありがたいこと」なのです。そのことに気づき、感謝の気持ちが抱けるようになると、何かが少しずつ変わってきます。

お金に負の感情を乗せない

ポストを開けると届いている請求書類。クレジットカード、電気、水道、ガス、保険、家のローン。毎日届くわけでもないのに、なんだかため息をつきたくなることでしょう。

それだけならともかく、喜びのために使っているお金たちにも同じく、ため息が出てしまうかもしれません。たとえば、素敵な服を買った。ちょっと高級なホテルでディナーをした。大好きなお友達が結婚することになり、結婚式に参加するのに、少しでも華やかになればと思い、着物をレンタルしてヘアメイクを頼んで、そしてご祝儀を渡した——。

喜びのために使っているお金なのに、軽くなった財布を見て、「ハァ〜、また使っちゃった……」なんて思っていませんか？　「使ってしまった」という感覚は、罪悪感に似たものでもあり、せっかく喜びのお金を送り出したというのに、その喜びは、ため息ひとつでチャラになってしまうのです。

お金がめぐってこないのは、このようにお金が出ていったときに感じる、負の感情が原因。人は無意識に、お金にまつわることに負の感情を抱いているのです。自覚症状はなく、この無意識レベルで思っていることこそが、豊かさを遠ざけてしまう理由。この機会に、自分がお金に負の感情を乗せていないかどうかをチェックしておきましょう。さて、いくつ当てはまるでしょうか？

□好きなものを買ったのに、なんとなく罪悪感を感じる
□財布のなかを見るとがっかりする
□給料が入ったのに「これっぽっちか……」と思う
□会社の社長に感謝の気持ちなどない
□友人の結婚式、誕生日の出費があるとつらい
□おごるよりもおごってもらうのが好き

□通帳を見るとため息が出る
□とにかく節約が大事。お金を使わないようにしている
□将来に対してお金の不安がある
□貯金する理由は、老後のため、何かあったときのため
□募金や寄付をしたことがない

いかがでしょうか？　チェック項目が多ければ多いほど、無意識にあなたはお金に負の感情を乗せながら使っています。この状態でいくら豊かになりたいと願っても、それはアクセルとブレーキを一緒に踏んでいるようなものなのです。

「アクセルとブレーキを同時に踏む」ということ

車のサイドブレーキを引いたままアクセルを踏みますと、動くには動くのですが、「違和感」を覚えます。いつものようにスイスイ走らない。なんだか進みが遅いというか重い。これが違和感です。そこで気づくのです。サイドブレーキを引いたま

まだった、ということを。車を運転される方は経験がおありかもしれません。

お金の話にたとえますと、アクセルは「喜びのなかでお金を使うこと」、ブレーキは「負の感情を持つこと」。この状態に陥ることがおおいにありうるのです。

好きなものを買った「喜び」と同時に、対極にある、お金を使ってしまったことへの「罪悪感」とお金がなくなってしまったことへの「不安や不快感」が生まれる。その相反する2つの感情があるのでお金があなたの元にやってこないのです。

では、もしお金を送り出したときに、負の感情があることに気づいたとしたら？

送り出したお金がどんなふうに使われるのか、想像してみましょう。

あなたが送り出したお金は人々を幸せにする

たとえば服を買って、その代金の1万円を送り出したとします。その1万円は、その店の販売員、それをトラックで運んでくれた人、荷物を仕分けした人、それを作った工場の人のお給料、その原材料を作った農家の人や生産者の収入……いったたい、どれほどの人の元に届いているでしょうか。あなたが送り出したその1万円は、誰かの笑顔と生活を支えているのです。

お金を送り出すことができる。それができていること自体が社会貢献なのです。お祝いごとでお金を送り出すときもそうです。送り出したお金は、人々の笑顔に投資したものなのです。そこをいつも思い出し、心に留めておいてください。

もしもお金に対して負の感情を抱いていることに気づいたら、そんなふうに、ひとつひとつプラスの感情に転換していきましょう。お金が財布から出てしまったときに、ため息も出てしまったら、そのままそれを深呼吸に変えていきましょう。そうしているうちに、お金に対して負の感情を乗せることがなくなっていくはずです。

「出せば入る」はウソか、本当か

自然の法則は「出して」から「入れる」ものです。呼吸は、古い息を吐き出してから、新鮮な空気を入れます。家の片付けも、古いものを家のなかから出してから新しいものを買ったほうが、収まりがいいものです。情報も同じで、発信者は発信することが先です。情報の出し惜しみをせず、出しきると、次なる情報が欲しくなり、入れるように努めます。アウトプット、インプット……その繰り返しなのです。

お金も同様です。お金のエネルギーを回すには、まずは出すこと。快く出すことで、お金のエネルギーは回り始めます。しかし、この部分を曲解してしまっている人が、とても多いのです。

「お金は使えば使うほど入ってくる、引き寄せられる」と思い込んで、計算も計画もしないでガンガン使ってしまう。

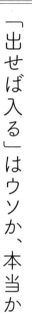

「お金は出せば入る」という言葉をあちこちで見かけて、それを実行してみる。潜在意識のなかでは不安を抱えているのに、「〝楽しい〟に集中しちゃえーっ」と、残高を見ずに、旅行して、セミナーに出て、散財。当然ながら、そのうちお金がなくなって、「お金がなーい！」となるケース。本当に多いのです。

「いい気分でさえいれば、お金が入ってくる」は、間違いではないのですが、そのような人々はお金の計算をしておらず、そのうえ、じつは心から引き寄せの法則としてルールを信じきっていない状態で、不安な気持ちを抱えながらお金を使っています。

「大丈夫かな？　大丈夫だよね？　だって、楽しいもん。でも本当に大丈夫かな？少し不安。でも大丈夫。出せば入るから！」と言い聞かせるのです。

言い聞かせるというのは、潜在意識では信じていないということ。そんな負の感情を持ちながら、計算するのが怖くて、残高や残金を調べずに使ってしまうのです。

たとえるなら、体重計に乗るのが怖くて、現実から目を背け、暴飲暴食を続けて肥満になってしまうようなもの。数字はウソをつきません。極めてシンプルなのですが、ここを知らずして暴走してしまっては、大変なことになります。
当然、お金に負の感情を乗せているわけですから、負の結果が得られるわけです。不安は不安を呼ぶ。だからお金がない状態になっていくのです。

安心して使える額だけを使う

今月は、これだけ自己投資しても大丈夫！　これだけは、遊びに使っても大丈夫！　貯金の残高を調べて、10万円くらいなら旅行に使っても大丈夫だから、その範囲で思いっ切り楽しもう！　と計算し、安心してお金を使えるなら恐怖がないわけです。

あるなら、あるなりに使う。
ないなら、ないなりに使う。
綿密な計算のもとで取り分けられたお金を味わうと、安らぎと心地よさを感じることができます。そのときに、お金を引き寄せられるのです。不安な状態のまま引き寄せようとするから、違うものを引き寄せるのです。そう、お金がない、という現実を。

要するに、収入と支出を考えてから使おうね、ということ。よく考えてみてください。**不安が一切なく、安心して使えるお金には喜びしかありません。この状態こそが土台になり、お金のエネルギーがめぐり始めるのです。**

残高を見ないで欲しいものを買っていいのは、収入と貯金がたくさんある人だけです。ですが、お金持ちの人たちでさえ、収支のことを頭の片隅で考えているものです。今月は使いすぎたから、使うのをやめようとか、来月にしようとか（まあ、桁は違うでしょうが）。

そこに到達するまでは、計算して使える範囲のお金で豊かさを感じて与える。そして、あるときは節約も必要かもしれませんが、それもまた楽しみましょう。そうすることで、あなたの元には徐々にお金が入り、その体験をもって引き寄せの法則を理解できるようになり、いずれ豊かさを手にすることができるでしょう。

保険と貯金について、どんな印象を持っていますか？

さて、お金のエネルギーについて理解し始めたあなたは、疑問を持つかもしれません。保険に入ることや老後のために貯金することって不安が前提になっている行為ではないの？　事故や病気、はたまた老後が困る、という不安に基づいて行動してもいいいの？　と。

以前、知人が「うちは生命保険に入っていないのよ。死んだときにいくらお金が入るとか、事故に遭ったら入院代がいくら入るのかとか、がん保険とか考えていると、それを逆に引き寄せるような気がして怖くて。うちにはそんなことは起こらない！　と信じたいから、入らないことにしているの」と。

引き寄せを信じる人のなかには、私の知り合いのように思っている人が多少なりともいるかもしれません。それを心から信じていて、1ミリの疑いも不安もないなら、きっとその人の信念は現実化することでしょう。しかし、日常生活を送っていると、その確信を揺るがすような出来事に遭遇することがあります。身の回りで事故や病気、はたまた一家の大黒柱が働けなくなったのと見聞きしますと、不安の種がまかれるのです。

安心するための保険、貯金はＯＫ！

繰り返しになりますが、**お金を得たい！ と思うならば、いかなるときにも「負」の感情がないこと。**保険にしても、貯金にしても、その動機が不安材料ではなく、安心材料である、ということがポイントなのです。

保険に入ることで恐怖にばかり意識を向けてしまうのであれば、それは「負」の感情です。けれども、保険に入る理由が、万が一の不安を抱えなくてもすむということなら、それは安心材料です。

貯金も同じです。不安のために備えるのではなく、ワクワクや未来のための貯金をしましょう。貯金をすることで万が一何かあっても大丈夫！　という、安心目的の心地よい貯金はおすすめです。

私たち人間は、常に気分がいいわけではないですし、どんなに運の強い人でもイライラするときもあります。そんなときに事故に遭う可能性だってあるし、家族がそういう目に遭う可能性だってあるかもしれません。

そういう状態にならないと誰も保証ができないからこその保険と貯金であって、それは必要なものだとも言えます。**安心感を伴う保険や貯金には、アクシデントを引き寄せる力ではなく、それを遠ざける力があるのです。**

お金に対する意識を変えてみる

ことわざから見ても、お金についてはネガティブなものが多く、人々の意識に深く根付いています。それゆえに、お金への思い込みは非常にネガティブであり、お金について話すことは品がないとさえ言われています。

そして、お金がないことがまるで美徳だとすら思っている人も多いのです。ですから、「お金がなくても幸せ」とか「お金で幸せは買えない」とか、「身の丈以上のお金はいらない」などと言う人もいます。しかし、考えてみてください。

真逆なことを言うようですが、幸せはある程度、お金で買えるものです。本当に大切なものは買うことができなくても、それ以外は、ある程度は買えます。

数年前に、私の母は病気になりました。絶望的な状況ではありましたが、お金があったおかげで十分な代替医療や治療を施すことができ、継続的に母の健康のために、お金を支払うことができました。お金があって、本当によかった……と思った瞬間でした。結果としては亡くなりましたが、悔いがない仕方で、やるだけやり、親孝行をできました。

お金がなくても幸せを感じることができるのは真実ではありますが、お金で人々を笑顔にすることができるのも、また確かです。

お金があれば、愛する我が子の笑顔を増やすことができるかもしれません。十分な教育と、選択肢をお金は与えてくれます。さらに、自分の学びを深め、時間を買うためにもお金は役立ちます。

お金がいらないということは、与える喜びの放棄

「お金がいらない」と言う人は、視点を変えてみると、人のためにお金を使わなくてもいい、愛する人を満たしてあげたいとも思わない、ということでもあります。

大震災や災害時、お金があれば微力でも復興のためにお金を送ることができます。

そうしたことこそが、与える喜び、見知らぬ人々への愛を示す行為であり、この行

為は、送り出す者と受け取る側の双方にとってよい影響があります。

そのようにお金を送ることは、与える幸福を味わうことになり、加えて、金額の大小にかかわらず、それを送り出すだけの経済力がある、というセルフイメージの構築にもなります。自己満足であってもいいのです。**お金のエネルギーが循環していくよい経験となることでしょう。**

さらに、受け取る側にもよい影響があります。まず、見ず知らずの自分のために誰かから援助があった、ということで「感謝の気持ち」が湧き上がります。そして自分もまた、誰かが困ったときに、同じように援助しよう、というよいスパイラルに入ります。

正直に言って私自身も、仙台で東日本大震災を経験するまでは、他の国で起きていた大災害をどこか人ごとのように感じていました。しかし、実際に自分の街が被災地となり、日本だけでなく、世界中の人々がこの震災のためにお金を送り出してくれたことを知り、私もそうしよう！　という決意ができましたし、このことをきっかけに、その後に起きた災害も人ごととして見過ごさず、必ずお金を送るようにしています。

いくらあっても困らないのは、お金です

誰かにお金を送ること、送られることにより、お金の循環が生まれます。それは、お金に対する意識が変わるときでもあるのです。

お金に対するネガティブな言葉は、口にしないようにしましょう。思わないようにしましょう。いくらあっても困らないものが、お金なのです。そして、お金はみんなの幸せと笑顔を増やすことができるツール。

毎月、自分に出す余裕がある範囲でいいので、送り出してみましょう。きっとお金に対する意識が変わっていくことでしょう。

お金がないときの心得

20代、30代と、私は本当にお金がない時代を過ごしていました。月収10万円生活の経験もありますので、節約上手になることができました。
今は好きなものを好きなだけ、値段を気にせず買えるようにはなりましたが、過去に身につけたお金の使い方のおかげで、散財したり、無駄な使い方をすることは、一切ありません。

それは、お金のありがたみが身に染みるほどわかるからなのです。**お金がなかった時代を過ごした、その経験こそが、今自分に入ってくるお金に対しての心からの感謝の念につながっています。**あふれるほどの「ありがたい」という気持ちでお金を受け取ることができるので、その感謝のバイブレーションが、さらなるお金を引き寄せているのがよくわかります。

ですから、今もしも、あなたにお金がなかったとしても、決してネガティブにならないでください。それは、この先あなたが、さらに豊かに、大きくなるための訓練なのです。お金が入ってきたときに、どれだけの感謝の気持ちを持てるか？　そして、その感謝の気持ちを抱き続けられるのかが、試されているのです。

つましい暮らしのなかにもきっとある、感謝の気持ちが持てる要素を探してみてください。この練習を毎日していると、なければないなりに暮らしていく術《すべ》を身につけることができ、ありがたいと感じる、小さな幸せの種を見つけることもできます。その種を拾い始めたときに、お金の入り方が少しずつ変わってくるのです。

それはまるで階段を一段一段上るかのように、心の豊かさと、富の豊かさが比例して、右肩上がりになっていくのです。お金がないからといって不平不満や、不安と恐れの気持ちを抱いているなら、いつまで経ってもそこからの脱却は難しいでしょう。

◈ 成功者にはお金に苦労した人が多い

多くの成功者たちは、最初からお金持ちであったわけではありません。たいていの場合、若い頃にお金の苦労をした人が多いのです。じつは、お金があまりないなかであっても、あなたが豊かであると体感できる方法があります。それはこれから豊かになっていくのに大切なことです。その方法とは、「与える」「差し出す」ことです。

工夫をすればそれは可能でしょう。高価なものでなくても、たった100円、200円でもいいので、あなたの気持ちのこもったものを差し出してみるのはいかがでしょうか?

夏の暑い日、宅配便の人は汗だくになりながら配達しています。いつも来る人には、缶ジュース1本でも差し入れてあげるといいでしょう。マンションの管理人のおじさんに、小さなお菓子を1個、おすそ分けしてもいいでしょう。この「与える」「差し出す」行為は、まるでお金持ちのようなふるまいであり、豊かさの象徴でもあります。

ありがたいと感じられる幸せの種と、そして自分が貧しいなかにあっても他人さまに与えることができるものは何かを考えてみてください。些細なことからでいいので実行してみることです。

「お金がなくて苦しい」「お金が欲しい」と思うことは、そこから脱却するための強いきっかけです。貧しいなかで工夫することで、豊かになっていくための自分なりのコツをつかめるはずです。それこそが成功者たちが実践していたことなのです。

部屋を整えるとお金が入ってくる法則

私はこれまで出版したどの本でも、掃除の大切さについてお伝えしてまいりました。なぜかというと、**運気を上げるにも、金運を上げるにも、あらゆる願望達成のためには、部屋がキレイであることがおおいに関係するからです。**自らの体験のみならず、関わる人々や多くのクライアントの経験から、これはまぎれもない法則であると確信しています。

なぜ部屋がキレイだと、お金をも引き寄せ、めぐらせることができるのでしょうか？

物質はエネルギーと同じです。散らかった部屋というのは、物（物質）がごちゃごちゃしている状態で、エネルギーが流れないのです。流れないということは、滞りがある、ということ。ですから、**エネルギーが流れるようにするために、自分の身を置く環境から整える必要があるのです**。滞りのない、キレイな部屋にはエネルギーが流れ、お金も流れ込んできます。

さらに、人には目から入った視覚情報から受ける影響というものがあります。ごちゃごちゃしている状態に心地よさを感じる人はいないでしょう。何度もお伝えしていますが、願いが叶いやすくなる基本は、心地いい状態でいることです。

いつも自分が身を置く場所に心地よさを感じないのであれば、それはあなたの引き寄せや、願望達成をはばむ要素となります。そういう意味からも、部屋はスッキリしておくことが大切です。思考も心も安定していきます。

◈部屋を管理できると、お金も、体重も管理できる

いいことがもう1つ。管理能力というのは、すべてに影響があります。部屋を美しく整えることも、管理能力が関係しています。部屋を管理できるようになります

と、おのずとお金も、体重も管理できるようになります。

管理することを勧めていますが、じつは私自身は管理が得意ではないのです。だからこそ、管理しやすいように、物を多く持たないことや、掃除がしやすいように、目につくところには物を置かないよう常にスッキリさせることで、無駄なエネルギーを放出させないようにしています。

これこそが、動きやすい動線を作り、常に心地よくいられる秘訣なのです。

夢がなかなか叶わない、人生が思うようにうまくいかないという方に、まずおすすめすることは、片付けと掃除です。特に、お金に関係する願望は叶う可能性が大ですので、楽しみながらやってみてくださいね。

5章

チャンスをつかむ生き方

――「今ある幸せ」に気づくと奇跡が起こります

一流と呼ばれる人の生き方

「一流の人」というと、どんな人を思い浮かべますか？　お金持ちでいつも華やかな世界で注目されている人でしょうか。みんなに人気があり、ちやほやされているけれど、さほどがんばっているようには見えない。むしろ、ありのままにユルく生きているかのよう。いつも楽しそうで、何もかもを簡単に手に入れているように見えるかもしれません。

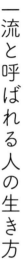

だからこそ、周りの人々はこう思うのです。「私も、あんなふうに好きなことだけして暮らしたい。努力も苦労もしないで、お金持ちになって、欲しいものを全部手に入れられるなんて、うらやましい」。

でも、本当にそうでしょうか。あまりにも表面的な部分だけに気を取られていいませんか？

私の周囲にいる「一流」と呼ばれる人々は、全員が努力家です。苦しいことも自分を成長させる糧とし、弱さも強みに変え、ストイックに行動している人たちばかりです。

成功者が一見、何も努力していないように見えるのは、好きなことをやっているためです。イヤイヤながらに努力しているわけではなく、働くこと自体を楽しんでいるのです。

それは湖で優雅に浮かぶ白鳥が、じつは水面下では足をバタバタさせているのとよく似ています。

一流の人々も陰ではコツコツ努力しています。たくさん種をまいているからこそ、その結果として多くのものを収穫できているのです。

一流と呼ばれる人たちに成功の秘訣を伺うと、「楽しみながら行動し続けること」「一生懸命がんばること」「自分に負けないこと」といったように、ストイックなことを言われることがほとんどです。引き寄せの法則では「好きなことだけやればいいよ〜」という要素が必要ではありますが、勘違いしてはいけないのは、これは「何もしなくていいよ〜」というメッセージではありません。本当の願いの叶え方は、**「好きなことをたくさんやって、それを続けたらいいよ〜」というアドバイス**なのです。

もちろん、人にはそれぞれの資質があり、適材適所があります。自分の得意分野や強みを発掘し、輝ける場所を見つければいいのです。得意なことや好きなことで活躍できれば最強です。

もしあなたが「引き寄せの法則」のなかから自分に都合のいいところだけを信じて、行動や継続をしていない場合は、いま一度、現実的になりましょう。地に足をつけた「引き寄せの法則」を実践してみることをおすすめします。

妬まれれば、妬まれるほど成功する法則

結果を手にし始めると、同時に「妬み」に遭遇する機会も急速に増えます。「ビジネスで成功をつかんだ途端、同業者から嫌がらせを受けるようになった」と相談を受けることは少なくありません。ＳＮＳでよくない噂を流されたり、嫌味を言われたり……。

人の成功を妬むことは珍しいことではありません。妬みという感情は、誰でも持ってしまうことがあるからです。ということは、妬む人も妬まれる人も必然的に多くなるということです。

しかし、今あなたが誰かに妬まれていて困っているとしたら、それは喜ぶべきことです。なぜなら、**「妬まれれば、妬まれるほど成功する」というのも法則のひと**

つだからです。

まず私の経験を少しお話しさせてください。正直に言いますと、作家になり、出版した本が売れ続けるようになってから、多くの人に敵視されるようになりました。ブログに嫌味なコメントを書き込まれたり、ネットの某巨大掲示板に批判や悪口を書かれていたりしたこともあります。

普通の主婦だった頃と違って、今では仕事で海外に行く機会も増えました。お金に困ることなく、時間にも縛られず、人間関係にも恵まれ、自由奔放にのびのびと生きています。

当然のことですが、私は誰かを傷つけたいとは思っていません。個人攻撃することもありません。SNSやブログは、自分の価値観に関する情報を発信するとともに、皆さまにラクな気持ちで、楽しく願望を叶える方法をお伝えする場だと考えています。

それでも、嫌われ、妬まれ、憎まれることがあります。まったく知らない相手から陰口を言われることもあるのです。

しかし、考えてみれば、これは私のような仕事をする者の宿命と言えるかもしれません。そして、妬まれれば妬まれるほど、私は成功し、知名度が上がり、お金が入ってきて、もっともっと幸せになってしまいます。

つまり、私を妬んでいる人の願いとはまるで反対に作用するのです。なぜでしょうか？

それは、**妬みが「負けを感じている相手」に対して抱く感情だから**です。

たとえば、「海外旅行にいつも行っている、うらやましい……」という気持ちは、自分が海外旅行に行けていないからこそ、生じるのです。ブランドものをたくさん持っている人を見て、腹が立つのは「持っていない人」だけです。自分が十分手に入れられないからこそ、注目してしまうのです。

◈ 妬む気持ちを行動力に変えていく

量子脳理論では、脳のふるまいには量子力学的な性質が関わっているとされています。量子力学的な性質とは、すべての物質は波動（波）であり、人間が意識をするとその波（素粒子）は物質になる、ということです。簡単に言うと、「意識を向けたものが現象化している」ということになります。

これはたとえば、友達がお金持ちになったことを妬むと、友達の「お金がある」状態に意識を向けているので、友達はもっともっとお金持ちになる、ということです。同時に、「お金がない自分」を強く意識することになりますから、ますます自分にはお金が入ってこなくなります。

妬みの奥底にあるのは、「うらやましい」という気持ち。もし、妬む気持ちが湧いてきたら、ぜひ、それを行動力に変えてみてください。妬んでしまった自分を責める必要はありません。「ああ、私、憧れていたんだ」と認めるだけで、妬む気持ちは、憧れや目標に変わり、前向きになれることでしょう。

また、**妬みは自分の願望を知るヒントにもなります。**望みが明確になれば、他人を妬んでいる場合ではなくなります。そんな暇があったら、自分の望むものを得るために努力しよう！　と思考を変換し、妬みを行動力に変えていきましょう。

運のいい女になる！

あなたは「運のいい女」ですか？　「運のいい女と言えば、私のこと！」と思った人もいれば、「どちらかというと運が悪いほうかも……」と思った人もいることでしょう。

世の中には驚くほど、運のいい女性がいます。たとえば、欲しかったチケットを逃してしまったとしても、いろいろなことが重なり、結局はいちばんいい席を確保できる人。また、現在募集していない私のコーチングセッションを、偶然が重なって受けられる人。こうした人たちには、ある共通点があります。

それは「アクションを起こす」ということです。ダメでもともとの精神で「チケット余ってない？」と周囲に聞いてみる。「キャンセル待ちできませんか」と問い合わせてみる。こうしたアクションが、いい結果を呼び寄せます。**何も行動を起**

こさない人と、何か行動を起こした人とでは当然ながら、結果も変わります。

また、彼女たちは「私って運がいい！」とよく口にします。運がいいと喜ぶことで、いいセルフイメージを構築し、潜在意識にインプットしているのです。すると、脳は幸福や幸せ、喜びを探すようになり、ますます運がよくなるのです。そして、そう思うときの感情のバイブレーションもまた、運のいいことを引き寄せるのです。

ネガティブな思考が不幸な自分を作り上げる

もし、あなたが何かにつけてネガティブに考えるクセがあり、その結果、うまくいっていないと感じるのであれば、変化を起こしてみましょう。

たとえば、小さなことからポジティブに捉える努力をしてみる。せめて、言葉だけでもポジティブにしてみるなど、繰り返し努力することが大切です。

こうアドバイスすると、「そうは言っても、難しいのよね～」と言われる方もいます。でも、それは変わりたくないがための言い訳にすぎません。

人の落ち度に注目し、否定的なことばかり言っていると、知らず知らずのうちに、どっぷりとネガティブな世界に浸かり、抜け出せなくなります。ネガティブが大好きで不幸にならずにはいられない自分を作り上げてしまうからです。

夢を次々と叶えていく人は、うまくいかないことがあっても、負の感情にとらわれません。失敗ばかりに注目し、落ち込むこともありません。反省するあまり、失敗したことばかり考えていると運気がダウンしてしまうからです。

まずは今日1日、次の8つに注目して過ごしてみましょう。

①周囲の人のよい資質
②楽しいこと
③前向きなこと
④うまくいったこと
⑤気分がいいこと

⑥ワクワクすること
⑦感謝すべきこと
⑧成功した理由

そして、「私ってば、めっちゃ運がいい〜!!」と言ってみましょう。
次のように、どんな小さなことでも構いません。

●たまたま乗った電車の席が空いていたら「運がいい!!」
●その後、お年寄りが乗ってきて席を譲ったら「もっと運がよくなっちゃう!!」
●会社に着いた途端、雨が降ってきたら「やっぱり私は運がいい!!」

そのうち、驚くような幸運が転がってきます。

夢をかなえる魔法の質問

「5年後、どうなっていたいですか？」と聞かれたとき、あなたはすぐに答えることができますか？

1年後はリアルに想像できたとしても、3年後は少し難しい。5年後となると、さらに想像がつかなくなるものです。

じつは、私自身もコーチングのトレーニング中に、同じ質問をされたときには答えに詰まりました。今から10年以上前のことです。

当時はちょうど初めての著書を執筆している最中で、やるべきことが次から次へと出てきた時期でした。目の前にあることしか見ていなくて、将来どうなりたいとかじっくり考える時間もなかったのです。

質問に答えられずにいた私に対して、コーチはこう質問しました。

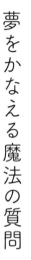

「アラブの石油王が目の前に現れて『お金は必要なだけすべてあげるから、したいことをしなさい』と言ったら、5年後どんな生活をしている？」

私はこんなふうに答えました。

「経済的にはとても豊かになっていますが、基本は今と何も変わらない生活をしていると思います。コーチ業やセミナー業をやりながら、ブログを毎日更新して……。でも執筆が仕事になればいいな〜とは思っています」

すると、コーチはこう続けたのです。

「では、お金持ちになったワタナベさん。国内外で講演活動をし、本もベストセラーになったあなたが、記者会見でマスコミにインタビューされているところを想像してみて。『世界中の人々に何かメッセージを！』と言われたら、何を伝えたい？」

そのとき、脳内にポン！　と言葉が浮かびました。なぜか、目の前には読者の方たちのイメージもはっきり見えていたのです。

「自分を最初に愛してください。自分をまず大事にしてください。いい意味でわがままに生きてください。人生は一度きりです。この一度きりの人生でやりたいことは全部やってみましょう。それができるようになったら、あとは努力しなくても、周りの人々を満たすことができます」

質問に答えることで、自分の潜在意識と向き合える

このコーチングのやりとりから10年以上が経ち、私は今54歳になりました。コーチングやセミナーのかたわら、ブログや他のSNSを更新し、本を執筆しています。そして、講演会では「自分を大事にしてください」と伝え続けています。まさにあのとき言ったことがすべて叶っています。

あなたもぜひ、次の質問に答えてみてください。

●5年後、どうなっていたいですか？（条件は取り払って答えを出してみてくださ

い）

●それが叶うと、他に何が得られますか？（あなたはどんな状態になっていますか？）

●5年後、それがすべて叶ったとして、5年後の未来のあなたから、現在のあなたにメッセージを伝えてください（はげましの言葉でもアドバイスでも何でもＯＫ）

●すべてが叶ったあなたから、周りの人々に伝えたいメッセージは何ですか？

これらの質問を本気で考えると、今後の方向性が見えてきます。**あなたの答えは潜在意識からのメッセージです。**

しかも、いったんイメージできると実現しやすくなるのです。それはあたかも、高性能なナビゲーションシステムに目的地を入力すると、自動的に道案内をしてもらえるようなもの。自然と行動できるようになり、願望達成のスピードに加速がつきます。

きっと未来を予言するような魔法の質問となることでしょう。

自分を好きになる方法

あなたは自分のことが好きですか？

そんな質問をされたらあなたは即答できますか？　「自分のことが嫌い」「自分なんて大嫌い。もう、変わりたい！」と思っている人は案外多いものです。

視点を変えてみますと、「今の自分を好きになれない」と感じている人は、向上心が強い人でもあります。

「今のままでいいわけがない」「変わりたい！」という心の叫びは、あなた自身が自分の未知なる可能性に気づいていることの表れでもあるのです。

欠点をリストにし、ポジティブな言葉に置き換える

そんな方に、自分を好きになる方法を2つお伝えいたします。

1つ目は、あなた自身が変えたいと思っている部分についての見方を変えてみるという方法です。これはメンタルの書き換えをするのに用いられている認知療法の1つです。

自分の嫌いなところ、欠点となる部分をたくさんリストアップしてみてください。書いているうちに気分がめいるかもしれませんが、しっかり現状と向き合い、あらゆる部分が愛しい自分の一部であることを理解しましょう。

リストアップできたら、すべて「ポジティブな自分」に書き換えてみましょう。

たとえばこうです。

●飽きっぽい↓好奇心旺盛
●面倒くさがり屋↓おおらか
●おおざっぱ↓これもおおらか
●自信がない↓謙虚
●怒りっぽい↓正義感がある

●孤立しがち→自立、独立心旺盛

欠点だと思っていた点がじつは魅力だった、ということに気づけたのではないでしょうか？

例としてリストアップした欠点は、じつは、すべて私自身のことです。若い頃はそんな自分のことが好きになれませんでした。でもこの書き換え作業をやってから、「こんな自分でも結構いいんじゃない？」と肯定できるようになったのです。

◈好きになれる自分に生まれ変わる

さて、自分を好きになる2つ目の方法です。それは逆説的ですが「好きな自分になる」ことです。

そう！　**今のままの自分が好きになれないのであれば、思い切って「好きになれる自分」に変わればいいのです。**「あるがまま」を受け入れられないあなたには、向上心があります。自分を変える力を持っています！

あなたは自分のどこが好きになれないのでしょうか？

先ほどと同じようにリストアップしてみましょう。


だらしない自分、素直になれない自分、人に厳しい、つい悪口を言ってしまう、神経質……などと数え切れないほど出てきても大丈夫です。それは自分のことをよく知っているという証拠です。そのような人は、変わるのも早いものです。


たとえば「だらしない自分が嫌い」という場合は、「では、どうなれば好きになれるのか？」を考えてみましょう。

「部屋を片付けられる自分なら好きになれる」のであれば、「片付ける！」と腹をくくりましょう！　固く決意しましょう！　「片付けられる自分」になるための計画を立て、行動に移しましょう。

「いや、それが難しいのです。自分はだらしないのでできません」とおっしゃるかもしれませんが、それは間違った思い込みです。「今のままの自分ではダメ」と思っているとしたら、あなた自身が「自分を変えたい」と思っているということ！

そして、**「自分を変えたい」と思っている人は、必ずや変えられるのです。**

人は変えられないものを変えたいとは思いません。あなたはそれができる人なのです。

人間の脳というものはとても優秀で「なりたい！」「やりたい！」と決めると、実現するための情報をどんどん集め始めます。大切なのはゴールを明確にすることです。あなたは自分の魅力に気づいていますか？　表に現れていない潜在的魅力を知っていますか？

絶対に誰でも輝く魅力を持っています。ですが、自覚していない自分の魅力を引き出すのは、深い井戸にバケツを下ろして、奥底の水を引き上げるような作業です。でも、もしもその深い井戸から、冷たい水を引き上げることができ、そしてそれを飲むことができたら？　その水のおいしさといったら！　自分では気づかない魅力を見つけたときは、それほどうれしいものなのです。

◈いいところリストを眺めて、自分を好きになる！

最後の仕上げは、自分の身近な人……友達、ご主人、親、お子さんに、自分のいいところを10個ずつ書いてもらってください。そして自分でも、自分のいいところ、好きなところをリストアップしてみましょう。

そして、その「いいところリスト」をじっくり眺めてみましょう。

「私も案外悪くないんじゃない？」と思えたとき、変化が起きます。「自分を好きである」という前提は、願望達成のために非常に重要なことなのです。

不安に押しつぶされそうになったときの対処法

誰でも感じることがある「不安」という要素。この状態に置かれていると不安がさらなるマイナスを引き寄せてしまいますので、早めに対処しておきたいものです。

さて、私たちが時折、不安に押しつぶされそうになるのはなぜでしょうか？

これから何が起こるかわからないし、将来のこともわからない。心配事が多い世の中だから、不安になっても仕方がないのかもしれません。

しかし、不安に身を委ねてしまうのは考えものです。あなたの世界の創造主はあなた自身です。あなたはすべてを創り出すことができるのです。ですから、もし金銭面、仕事面、家庭面の何かで不安な気持ちを抱き続けていたとしたら、不安を材料にして、不安な出来事をあなたが作り出してしまうことになるでしょう。

もう一度言います。あなたは創造主であり、想像（イメージ）し続けていることを創造できるのです。そう考えると、行動すべき方向がわかりますよね？

不安で仕方がないのは、生まれ持った性格ではなく、単なる思考のクセです。あなたの引き寄せ力、願望達成力をアップさせるためにも、不安と向き合い、取り除く手段をマスターしていきましょう。

もし、不安でたまらなくなったら、3つの質問を自分に投げかけてみてください。

●何に対して、そんなに不安を感じているの？
●その不安に最悪の結末があるとしたらそれは何？
●最悪な結末を避けるためにできることは？

いかがでしたか？　しっかり不安に向き合ってみると、「最悪の結果」は思っていたほど最悪ではなかったことに気づかされませんでしたか？　また、最悪の事態を回避するためにできることが見つかったはずです。

そうです。不安という小さな種を大きな実に成長させているのは自分なのです。しっかり向き合わないと、その不安をアバウトな感覚で大きくしてしまうのです。

できることを片っ端からリストアップし、行動に移す。すると、自然と不安はやわらいでいくものです。

「明日は明日の風が吹く」ということわざがあります。英語では「Tomorrow is another day.」と訳されますが、直訳すれば、「明日は違う日」という意味です。

失敗したとしても、不安に思うことがあったとしても明日は違う日ですから、くよくよ悩む必要はありません。

「ありのままの自分でいい」の本当の意味

先の項目で「好きな自分になる」ため、変わることをおすすめしました。それによって「ありのままの自分でいいの？　変わったほうがいいの？」と、その矛盾にとまどう人がいます。この2つの関係性は、**「ありのままの自分」を肯定できるようになることで大きな変化が起こり、引き寄せはものすごい勢いで加速する**というものです。コーチング手法では、目標を考えたら、次にするのは「現状」を見つめることです。つまり、ありのままの自分を知ることを重視します。

ありのままの自分を否定しない

今の自分を観察することが「ありのままの自分」を受け入れるファーストステップ。内側に入り込まず、ジャッジもせず、ただただ、自分を俯瞰《ふかん》します。私はこの作業が大好きです。自分の内側からドロドロするようなブラックな部分が出てくると、逆に楽しくなります。そういう部分もまた、人間くさくて素敵、と思っているからです。

コーチングセッションでは、よくこんな会話をします。

クライアントに「私は人を妬んでしまう傾向があって、それを直したいのです」と悩みを打ち明けられたとき、コーチである私は「妬んでしまうことはダメなのですか？」と質問します。

たいていの場合、クライアントはとても驚き、「え？　ダメですよね？」と聞き返してきます。

そこで私は「なぜダメなのですか？」と、さらに重ねて質問します。

するとクライアントは、そこで初めて「妬み」という感情を客観的に観察し始めます。

「妬みという感情はいけないことではないんだ……」と認めたことで、心が非常に軽くなり、そこから変化が起きてくるのです。

これが、ありのままの自分を否定せず、受け入れられた瞬間です。すると今度は「前に進もう！」というエネルギーが湧き上がってくるのです。

思うようにうまくいかないことがあっても、そんな自分を受け止めることで、苦しい思いがなくなり、また次に進めるようになるわけです。

ですから、本当の意味で自己の向上を目指すのであれば、まずは「できない自分でもありなんだ」、と認めましょう。**思い通りにいかないとき、自己否定してしまうとき、他人に腹を立ててしまったときも、「そういうときもあるよね」と、自分を許してあげましょう。**

ありのままの自分を受け入れられるようになると、周りに対してあまりイライラしなくなります。他人の言動に対しても「ま、あの人はそういう人なんだな」とニュートラルに受け入れ、過敏に反応しなくなるのです。

◈ 完璧じゃないから魅力がある

自分の欠点を受け入れられない、という人もいますが、よく考えてみましょう。あなたは完璧な人に魅力を感じますか？　美人で性格がよくて、もともとお金持ちの家庭に生まれて、かっこいい旦那さんと結婚し、素晴らしい家に住んで、という人の存在を聞いても、多くの人は興味を持ちません。「へぇ〜」と言う程度です。それよりも、人間味があり、苦労もして、ちょっと毒を持っているような人のほうが魅力があります。あなたのなかのあるがままは、本当は素晴らしいものなのです。

至らない点もあなたの魅力です。あなたが至らない点を否定してしまうと、その意識は増大し、あなたのなかでどんどん大きくなっていくのです。逆にありのままを受けて入れて、認めてあげることができたとき、その至らない点はどんどん小さくなっていきます。

傷つかない心の作り方

「心が傷ついた」と感じるとき、相手の発言や行動に「傷つけられた」と感じることがあるかと思います。

友人のなにげない言葉が、ナイフのように心に突き刺さったという経験はどなたにでもあることでしょう。じつはあなたが感じているより、相手の言葉や言動には、案外意味がありません。相手は「傷つけたい」と思って言ったわけではないどころか、むしろ何も考えておらず、なんとなく出た言葉であることが大半です。

それが家族の場合、友人に言われるよりも傷つかないのは、家族の言動の傾向を知っているからです。家族の場合、「ほら、また始まった」とか、「いつもそういう言い方するよね」と思う程度で、もう慣れっこになっています。いちいち気にしませんし、家族もまた、別に傷つけようとして言っているわけではありません。

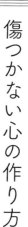

◈傷つくことを選んでいるのは自分自身

私たちは、物事を見ても、言葉を聞いても、いつも自分勝手な意味付けをしています。それが心理学でいう「投影」です。私たちは、あらゆる物事に対して、常に勝手な意味付けをしています。**相手の言葉に傷つけられたと感じたとしても、じつは傷つくことを選んでいるのは自分です。**

したがって、**すべては自己責任であると考えるようになると、傷つきにくくなります。**

厳しい言い方になってしまうかもしれませんが、あなたを傷つけるような言動をする相手と付き合っているのは誰ですか？　ひどいことを言われっぱなしにしているのは誰ですか？　相手に、「そういう言い方はひどいんじゃない？」と言ったことはありますか？

私は疑問に思うことの1つに「……させられた」という表現があります。

たとえば、「営業マンに契約させられた」とか「義母に嫌々○○させられた」といった言い回しです。

まるで相手に無理やり強いられたかのように聞こえますが、本当にそうでしょうか？　たとえば「営業マンに契約させられた」という表現もよく考えてみますと、引き出しから印鑑を持ってきて、契約書に印鑑を押したのは自分。断らなかったのは、自己責任です。

以前、私のブログに読者の方から、興味深いコメントが寄せられました。

「最近思うのです。自分が傷ついた！　傷つけられた！　意地悪された！　なんて思うことは自分のなかで考えてること。もしかしたら相手も同じように私に対して思っているかもしれない」

まさにおっしゃる通り！　相手はもしかしたら、傷つけたという感覚すらないかもしれません。

◈裏切りは「選択肢の変更」

裏切られた、ということについても考えてみましょう。いろいろな裏切りがあります。たとえば、婚姻関係にありながら相手がそれを破って、浮気どころか浮気相手に本気になってしまう。はたまた、あんなに仲のよかった友人が、急に手のひらを返してあなたを悪者に仕立てて、別の人に悪口を言っていた、なんてことも一般的には裏切りと感じることでしょう。

しかし、視点を変えてみると、裏切りとは言い難いケースも多いのです。相手が裏切ったというよりも、ただ単に、相手が、「選択肢を変えた」だけなのです。自分にとってメリットのあるほうを選んだだけ。

私もそんな目に何度か遭っています。信じていた人が、別の人に私の悪口を言っていた、とか。そのときは、怒りで満たされましたが、冷静に考えると、相手は選択肢を変えただけでもあるのです。そこに何か利害関係があったとか、もしくは保身のためかもしれませんが、それは私には関係のないこと。そのような冷たい人間のために、自分の感情がかき乱されることがもったいないと感じたので、スルーできました。

誰もが相手を陥れようとか、傷つけてやろうと思って、何かを言ったりしたりしているわけではありません。あなた自身も、他人に対してそんな気持ちはこれっぽっちもないでしょう。

ただし、もし、本当にあなたを陥れたり、傷つけようとする人がいたとしたら、すぐに離れましょう！ **相手に、自分の大切な感情を傷つけさせることを許してはなりません。**そんな人のために、心痛める時間も感情ももったいないのです。

「おかげさま」の気持ちが願いを叶えさせる

数年前、我が家はリフォームをしまして、思い出の品たちに存分に向き合う時間を持つことができました。過去に開催したセミナー資料や皆さまの名簿やアンケート、写真などを整理しながら、改めて「誰のおかげで、今の自分があるのだろう?」ということをじっくり考えていました。

片付け作業の合間に、私の会社の業務をサポートしてもらっている女性経営者と会うと、不思議なことに彼女もまた同じようなことを考えていたと伺いました。そして、「井戸を掘った人を忘れない」（飲水思源：井戸の水を飲む際には、井戸を掘った人の苦労を思え）という中国のことわざを教わったのです。

私たちが水を飲めるのも、かつて井戸を掘った人がいたおかげです。だからこそ、水を飲めることに感謝すると同時に、飲めるようにしてくれた人に感謝するのです。

どんなに素晴らしい才能の持ち主であったとしても、たった1人では成功できません。お客さまがいたからこその売上であり、家族の協力があったからこその仕事の成功です。社員やスタッフの支えがあるからこそ、ビジネスを大きく成長させられるのです。

もし、あなたが技術を身につけ、腕一本で稼げているとしたら、それは技術を辛抱強く教えてくれた人のおかげかもしれません。今の自分があるのは誰のおかげなのか。そう自分に問いかけたとき、たくさんの人々の顔が浮かぶはずです。

これまで支えてくださった人と、もしもご縁が切れたとしても、「おかげさま」の気持ちは忘れたくないもの。**1日の終わりには思いをめぐらせ、「ありがたいな～」と感謝の気持ちを口にしましょう。**

人生はひとりでは成り立ちません。誰かがご縁を運んでくれたり、誰かがサポートしてくれたり、誰かが支えてくれたりしていることを、忘れてはならないのです。受けた恩を別の人に返す「恩送り」を心がけるのもいいでしょう。誰かを支える行為は、自分の心を豊かにします。そして、自らエネルギーを放出するほど、さらなる幸運な結果を引き寄せることにもつながるのです。

嫌いな人や嫌なこととの付き合い方

すでにおわかりいただけたと思いますが、気分よく過ごすことは、願いを叶えやすくする基本です。では、日常生活のなかで、嫌いな人や嫌なことに遭遇したら、どうすればいいのでしょうか？

嫌な人と無理に付き合う必要はないものの、その出会いは自己の成長のための課題であることも少なくありません。課題を乗り越えない限り、次から次へと嫌な相手が目の前に現れるといったことが起こります。

引き寄せの法則でいう「心地よい状態」でいようとするあまり、独善的、排他的に自分に意見する人や、嫌なことを言う人を切ってしまうのは浅はかなこと。なぜなら、人は嫌いな人を通して自分を知ることができるので、避けてばかりでは成長がないのです。

嫌なことも同じです。どんなに排除したとしても、すべてが自分の思い通りになるわけではありません。嫌なことと正面から向き合い、克服することで人として成長できることもたくさんあります。

たとえば、嫌だと感じる相手に「嫌です」と伝えることが成長につながる人もいます。一方、嫌な相手を拒否するのではなく、譲歩したり、理解を深めたりすることによって成長する人もいるのです。

苦手な人と付き合うことで、対処法を学ぶ

自分は正しいと信じ込み、「話しているとイライラするから」「気が合わないから」と、すべての付き合いを絶つのは危険なことです。嫌いな人や苦手な人との付き合いは、自分を知るチャンスでもあり、人間関係の対処法を学ぶ機会でもあります。

苦手な相手を通して、自分の内面を見つめ、自分を知る経験はその後の行動にも

大きな影響を与えます。苦手なものへの対処法がわかるとどんどん生きやすくなり、気分よく過ごせるようになりますから、望む人生を引き寄せる力も自然に高まります。

ただ、なかには「他人ならある程度冷静に考えられるけど、家族だと無理」と言われる方もいらっしゃいます。離れたくても離れられないからこそ、嫌な部分が目につくし、腹が立つということもあるかもしれません。そんなときはどうすればいいのでしょうか？

ぜひ試してほしいのが「相手のせいで嫌な感情になっている」という思い込みを手放すことです。

楽しい気持ちになるか、不愉快な気持ちになるかを選んでいるのはあくまでも自分自身。うんざりするような相手の態度や言動を受け取り、嫌な感情を湧き上がらせているのは、他でもない私たち自身なのです。

嫌だと思いながら、気にしてしまうのは興味や関心を抱いているからです。まったくの無関心であれば、何を言われようと気にならないはず。「自分の人生には一歩たりとも踏み込ませない」と決めてしまえば、すべてが気にならなくなります。自分とはまったく関係のない、どうでもいい相手となるからです。

もし、「付き合う」と決めたのであれば、それは自分で選択したことですから、不平不満を言いながら付き合うのではなく、前向きな気持ちで向き合いましょう。もちろん、体調を壊すほどだったり、自分の人生をコントロールされていたりして、「本当に無理！」と思えば、相手が親であっても、長年連れ添った夫婦でも遠慮なく離れればいいのです。

結局のところ、**私たちはまったく違う波長の人とは一緒にい続けることはできません。**これもまた「引き寄せの法則」の1つです。「大嫌い！」と思いながらも縁が切れずにいるのは、残念ながらまだ、その相手と同じ波長なのです。縁を切ってはダメだという思い込みを捨て、自分自身を成長させていけば、本当に離れるべき人とはきちんと離れられる日がやってきます。

自分のなかにある「ブラック」を見つめる

願望達成のために行動するにあたって、ぜひ知っておいていただきたい重要なことがあります。それは「負の感情」との付き合い方です。この負の感情の取り扱い方を間違えますと、願いが思うように叶いません。メンタルの扱い方は、引き寄せを大きく左右するのです。

ブラックな感情に蓋をすると、それは心の奥底で煮えたぎり、あなたの心を蝕《むしば》みます。いっそのこと、ひとりでいるときに声に出して「あああー！　ムカつくー！」と叫び、短時間でスッキリしたほうがいいのです。

誰にでも、「内なるブラックな自分」がいて当たり前です。落ち込む必要はありません。対処法さえわかれば、大丈夫。

では、どのように対処すればいいのでしょうか？

おすすめは、自分のなかにある「ブラック」な部分を書き出してみることです。コツは面白がること。無理やりのみ込もうとしたり、スルーしたりもせず、その感情を素直に感じてみましょう。怒りの感情は決して否定しないでください。

「よし、よし、そう思っても当然だよ。批判されたら批判したいし、怒りたくもなるよね」

「わかる！　そう思っても当然だよね。私はそういうところがあるけど、それも人間くさくていいじゃない」

と認めると、スッと気持ちがラクになるものです。

「イライラした気持ちが悪い感情を引き寄せるのでは？」と心配される方もいらっしゃいますが、むしろ心配なのはダラダラと負の感情に浸り続けること。ポイントはしっかり認めて、早く抜け出す。ブラックな感情は思い切って認めたほうが、感情が暴れ出すリスクを避けられます。

ぐずっていた子供が親に関心を持ってもらうとおとなしくなるように、しっかり受け止めることでブラックな感情はやがて小さくなっていくのです。

望む未来はあなたが創る

ご存知の通り、人は世の中を自分の見たいように見て、感じたいように感じて、聞きたくない情報は入らないようにしていて、無意識レベルでいらない情報を削除して、都合のいいように自分の世界を創って観察しています。

あなたが見ている世界は、自分の解釈と意味付けだけで成り立っていて、じつはそこに真実は何もないのです。あなたの世界の真実はいつでも、あなたが創り出しているもの。単純に言えば、あなたが白と言ったら白に見え、黒と言ったら黒に見える。ただそれだけです。

これもまた「引き寄せの法則」の1つです。何かが引き寄せられたと思っている現象も、じつは自分のなかのアンテナがそれらを無意識に探していて、それを見つけたときに引き寄せた、と思っているのです。

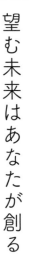

一見、苦しいと思える体験をしても、「人生の授業料だ、ある意味ありがたい経験をさせてもらった」と感じる人もいれば、「なんで私だけがこんな目に遭わなきゃならないのよ！　あの人のせいで私は……」と他人のせいにして、悲劇のヒロインになる人もいます。

このように、今の世界の感じ方は、全部自分が創っているのです。これを理解できるようになりますと、つらいことがあっても、自分がもっと成長する方向に物事を意味付けて、前向きに明るく生きていくことができます。

私たちは何も知らない

他人に関しても自分が見たいように見て、自分が他人（のイメージ）を創り出している、とも言えます。**勝手に他人の見える部分だけを見て、「あの人はああだ」とか「この人はこうだ」と決めつけているのです。**しかし、じつは他人が見せている部分は全体の1割にも満たないですし、他の誰にも、真実はわからないのです。

いつも笑顔でいるあの人が、陰ではどんなにつらい思いをしているかも、いつもきつい言動をするあの人も、それは愛ゆえの行動かもしれず、厳しい上司はどうしてあんなに性格がひん曲がっているのか、もしかして、ひどい家庭環境で育てられたのか？　など。

もっと言えば、家族のことすらわからないわけです。隣の部屋にいる夫や子供も何をしているか知らない。勉強しているとか読書をしていると想像しているかもしれませんが、ひょっとするとエロ動画を見ているだけかもしれません（笑）。そう、私たちは何も知らないのです。

それでも不思議なことに、私たちは、他人のことでも「何でも知っている」「間違いない」と思い込んでしまうことがあります。99％の裏事情は見えておらず、たった1％の世界しか見えないのに、なぜか人は、その他人のすべてを見て、知っているかのように思っています。


世界のすべては、あなたの心のなかの投影です。

投影とは、自分を映し出す鏡です。あなたの頭と心のなかが、あなたの現実の世界を創っています。

「世界が不穏だ」と常々思っている人には「不穏な現実」が、「世界は平和で幸せだ」と思っている人には「平和で幸せな現実」が訪れます。

ならば、穏やかな見方、前向きな見方ができるようになったほうが、どんなにか素晴らしいことでしょう。

あなた自身の意味付けと解釈が、あなたの望む未来を創っていくのです。あなたの意識の向けどころによって、望んだ世界が現実化していく。そういうことです。

思い通りの人生を作る方法

よく「変えられるのは自分と未来。変えられないのは他人と過去」などと言われますが、じつはそうでもありません。他人の言動も、過去に起きた出来事も私たち自身の解釈次第。自分の解釈が変われば、相手も過去のつらい経験も、そして未来も、おおいに変えられます。

それらは自分の手のなかにあるのです。

願いとは、あなたの思考であり、感情であり、興味であり、祈りです。ですから、自分の内側としっかり向き合う必要があるのです。

なぜ？　を問うことで答えが見つかり、次なる行動への一歩を踏み出せるようになります。思考と感情がシンプルにつながり、驚くべきスピードで願いが叶うようになるわけです。

「なんだかわからないけれど○○な気がする」という直感を、どうか大切にしてください。それはあなたの人生を最良に導く天からのメッセージです。

しかし、そのメッセージをはき違える人も多いのです。たいていの場合、最初の「ピン！」が潜在意識からのメッセージ。ただ人は、新しい行動を起こすことについては、無意識にブレーキをかけるので、そのうち行動しない理由を考えるようになります。

最初はこう思ったのに……あとから行動計画を細かくしているうちに、「違うような気がしてきた」と思うのです。しかしその結論は、頭で色々と考えた結果、つまり左脳的に考えた顕在意識からのものとなります。あとから考え出た結論は、うまくいかない可能性が大です。

うまく説明ができない。言語化もできない。でも心の奥底からやってくる、突き動かされるような衝動をしっかりキャッチし、行動に移せる人が、願いを叶える達人になっていくのです。

忙しさにかまけて、自分の心と向き合っていないときや、何かに苦しんでいて直感が鈍っていると、間違ったメッセージを受け取ってしまうこともあります。潜在意識の声を確実にキャッチするにはリラックスし、のびのびと人生を楽しむことが大切です。

たくさん行動しましょう。失敗を恐れる必要はありません。成功に通じる失敗は、もはや失敗とは呼びません。「若いうちはたくさん失敗しよう」と言われますが、年齢は関係ありません。何歳になっても新しいことにチャレンジできるし、失敗から学ぶことができます。そして、思い通りの人生を作り上げていきましょう。

あなたはもうすでに幸せです

ここまで、望む未来を手にするためのさまざまな方法をご紹介してきました。最後に、願望達成の法則のなかでも忘れてはならない大切なポイントをお伝えいたします。

それは**「もうすでに幸せであることに気づくこと」**です。

私自身は自分に関して「幸せになりますように」とは祈りません。なぜなら、もうすでに幸せだから。もしみんなの幸せを祈るとしたら、**「幸せでありますように」ではなく、「自分の幸せに気づきますように」と祈ります。**

どんな状況にあったとしても、幸せなのです。そして、それはあなたにも言えることなのです。あなたもまた、もうすでに幸せなのです。

たとえ、お金が十分になくても、
離婚していても、
シングルマザーでも、
浮気されていても、
姑が意地悪をしてきたとしても、
結婚したいのに独身でも、
有名人ゆえにガラス張りの生活のなか、プライベートな空間がなくても、
容姿がよくなくても、
持病を抱えていたとしても、
成績が悪くても、
性格が悪いと誰かに言われたとしても、

それでも、あなたは幸せです。

あなたがもし、今ある幸せに気づき、注目するようになれば、その思考と感情から来る幸せの波動が、あなたが望む幸せな未来を叶えてくれます。

誰かを幸せにしようなどと思う必要はありません。あなたが幸せな存在でいるだけで周囲の人々も自然と幸せになっていきます。そしてそれが相乗効果となり、引き寄せの力も増していくのです。

さっそく今日から得られる「幸せ」に意識を向けてみましょう。

小さなことで構いません。幸せだと感じること、ありがたいなと思うことを日々数え上げる習慣をつけてみてください。早い人ならその日から、面白いほど変化を感じ、新しい出来事が起こり始めます。あなた自身が幸せに気づいた瞬間、もう次の幸せな未来の引き寄せは始まっているのです。

ワタナベ薫式

願いを叶えるワーク

「引き寄せの法則」を活用していくために、
自分の願いや自分について理解を深められる
具体的な書き込みワークを用意しました。
ノートに書き写して何度も使ってください。

あなたが欲しいものを確認しましょう

check!
できるかできないかはさておき、
自由に欲しいものを書いてみましょう

◆あなたが本当に欲しいものはなんですか?
(条件や限界を作らず、自由に書き出してみてください)

◆あなたはどんな自分になりたいですか?
(なれるなれないは関係なく、自由に書き出してみてください)

◆あなたが手に入れたい「美しさ」とは
どんなものでしょう？
具体的にイメージしてみましょう。

◆あなたの「運命の人」はどんな人でしょう？
具体的にイメージしてみましょう。
（その人と出会ったときの感情、その後の暮らしなど）

◆あなたが「人間関係」について、
望んでいることはありますか？
具体的にイメージしてみましょう。
（近づきたい人でも、縁を切りたい人でも）

◆あなたが「結婚」「子供」について、
望んでいることはありますか？
具体的にイメージしてみましょう。
（条件、制約は外してくださいね）

◆あなたが「お金」について、
望んでいることはありますか？
具体的にイメージしてみましょう。
（欲しいものでも、金額でも）

行動力を身につけましょう

check!

引き寄せには「行動力」が大切。
本当に欲しいものかどうかを見極め、
それを手に入れたいと思う動機を確認しましょう

あなたが欲しいものは…

・本当に欲しいもの

・なりたい自分

・美しさ

・運命の人

・人間関係

・結婚・子供

・お金

◇前のページで書いた欲しいものについて、
なぜそれが欲しいのか、また、なぜその願いを
叶えたいのか、それぞれ考えてみましょう。

◇それが手に入らないと、困ることはありますか？
（～になりたくないから、～したくないから、という
否定語を使わずに！）

◇欲しいものや願いを叶えるために、
それぞれどんな行動をする必要があると
思いますか？

自分を好きになりましょう

check!

嫌なところがたくさん出てきても大丈夫。
そこはあなたのいいところです

◇いまある幸せを書いてみましょう。
いくつでも!

◇過去にあった成功体験を書いてみましょう。
いくつでも!

◇自分の嫌いなところ、欠点、短所を
書き出してみましょう。

◇嫌いなところを書き出したら、それをすべて
ポジティブな言葉に変換しましょう!

◇自分の好きなところ、いいところを
10個書き出してみましょう。
できたら、身近な人にもあなたのいいところを
10個教えてもらいましょう。

1

2

3

4

5

6

7

8

9

10

本書は、扶桑社より刊行された『成功する人だけが知っている本当の「引き寄せの法則」』を、文庫収録にあたり加筆し、改題したものです。

ワタナベ薫（わたなべ・かおる）
1967年生まれ。メンタルコーチ、作家、ブロガー。株式会社WJプロダクツ代表取締役、他2つの会社を経営する実業家。美容、健康、メンタル、自己啓発、成功哲学など、女性が内面、外見からきれいになる方法を独自の目線で分析して、配信している。幾冊ものベストセラーを出版し、主な著書に『運のいい女《ひと》の法則』『生きるのが楽になる「感情整理」のレッスン』『美も願いも思い通りになる女《ひと》の生き方』『人生が思い通りになる「シンプル生活」』（以上、三笠書房）、『人生を変える33の質問』（大和書房）、『凛として生きるための100の言葉』（KADOKAWA）などがある。

知的生きかた文庫

本当《ほんとう》の願《ねが》いの叶《かな》え方《かた》

著　者　ワタナベ薫《かおる》
発行者　押鐘太陽
発行所　株式会社三笠書房
〒一〇二-〇〇七二　東京都千代田区飯田橋三-三-一
電話〇三-五二二六-五七三四〈営業部〉
　　〇三-五二二六-五七三一〈編集部〉
https://www.mikasashobo.co.jp
印刷　誠宏印刷
製本　若林製本工場

ISBN978-4-8379-8752-9 C0130